Steffen Ulrich Keim

VISUALISIERTE
ATEM
REISE

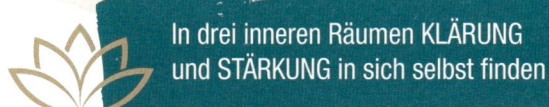

In drei inneren Räumen KLÄRUNG
und STÄRKUNG in sich selbst finden

Schirner
Verlag

Die Ratschläge in diesem Buch sind sorgfältig erwogen und geprüft. Sie bieten jedoch keinen Ersatz für kompetenten medizinischen Rat. Alle Angaben in diesem Buch erfolgen daher ohne Gewährleistung oder Garantie seitens des Autors oder des Verlages. Eine Haftung des Autors bzw. des Verlages und seiner Beauftragten für Personen-, Sach- und Vermögensschäden ist ausgeschlossen.

Liebe Leserin, lieber Leser, dieses Buch ist in der Du-Form geschrieben, weil es viele Meditationen enthält, die dabei unterstützen möchten, die eigene Wahrnehmung zu schulen, die eigenen Sinneswelten zu entdecken und ganz persönliche Rituale entstehen zu lassen. Die Du-Form stärkt das Bewusstsein, dass Autor und Leser sich auf Augenhöhe begegnen können.

 Wir verzichten auf das Einschweißen unserer Bücher – **UNSERER UMWELT ZULIEBE!**

978-3-8434-1419-7

Steffen Ulrich Keim: Visualisierte Atemreise In drei inneren Räumen Klärung und Stärkung in sich selbst finden © 2020 Schirner Verlag, Darmstadt	Umschlag: Elena Lebsack, Schirner, unter Verwendung von # 187141217 (© Rayyy), # 419676547 (© anselmus), # 216555283 (© wow.subtropica) und # 214774600 (© Leone_V), www.shutterstock.com Layout: Elena Lebsack, Schirner Lektorat: Natalie Köhler, Schirner Printed by: Ren Medien GmbH, Germany

www.schirner.com

1. Auflage Februar 2020

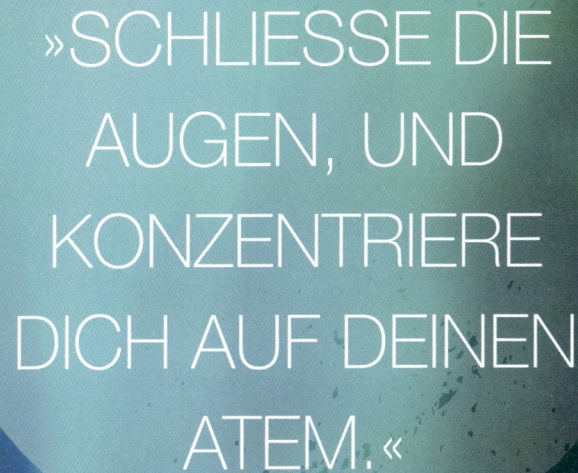

»SCHLIESSE DIE AUGEN, UND KONZENTRIERE DICH AUF DEINEN ATEM.«

MEINER FAMILIE

INHALT

MIT DEM ATEM ZU SICH SELBST FINDEN

Kennst du das auch? Es gibt Gedanken, die beflügeln, und Gedanken, die bedrücken und lähmen. Die einen versorgen uns mit Energie, so wie der Anblick eines Sonnenaufgangs über dem Meer, die anderen rauben sie uns, so wie ein dichter, undurchdringlicher Nebel. Die positiven Gedanken setzen eine Aufwärtsspirale in Gang, in der die positive Energie weiter anwächst, die negativen Gedanken ziehen umgekehrt immer noch mehr bedrückende Gedanken nach sich. Aus Gedanken werden Gefühle, und so wirken sich die Gedanken unmittelbar auf unsere Stimmung aus. Wie gut also, wenn es Mittel und Wege gibt, der uns oftmals unbewussten negativen Gedankenspirale Einhalt zu gebieten und dem Energieverlust entgegenzuwirken. Und genau darum geht es bei dieser Meditationsreise zu dir selbst: dich zu zentrieren, dich auf dich selbst zu fokussieren und dadurch keine Energie mehr zu verschleudern. Oder besser: dich selbst mit Energie aufzuladen und gestärkt in den Alltag zurückzukehren.

Wie kann das funktionieren? Im Wesentlichen dank zweier Komponenten: deines Atems und deiner Vorstellungskraft. Du visualisierst in einem ersten Schritt deinen inneren Rückzugsort, der den Rahmen für die Begegnung mit dir selbst, deinen Gefühlen, Konflikten und Wünschen – kurz: deiner momentanen Lebenssituation – bietet. Dort gibt es drei innere Räume, die du nacheinander oder einzeln besuchen kannst: den Gefühlsraum, den Klärungsraum und den Wunschraum.

Alle Angaben werden vertraulich behandelt.
* Der Newsletter kann jederzeit abbestellt werden.

Name/Vorname: _____

Straße: _____

PLZ, Ort: _____

Telefon: _____

E-Mail: _____

Geburtsdatum: _____

Bitte senden Sie mir:

☐ weitere Informationen aus dem Schirner Verlag

☐ den Schirner Newsletter (nur als E-Mail*)

☐ das SPIRIT live & Schirner Magazin

Diese Karte entnahm ich dem Buch: _____

Würden Sie dieses Buch weiterempfehlen?

Vielen Dank!

Antwort

Schirner Verlag
Birkenweg 14a
D- 64295 Darmstadt

Bitte
freimachen,
falls Marke
zur Hand

Happy Hormones – Happy Life!

Ein Begleiter für mehr Glückshormone.

Unser Hormonsystem kann ganz schön launisch sein. Gelüste, ständige Ups und Downs, Schlafstörungen? Nicht mit Ihnen: Ergreifen Sie die Initiative, und führen Sie ein selbstbestimmtes Leben! Ob Sie 20 oder 65 Jahre alt sind, Sie finden hier Informationen, Tipps und Methoden, die Ihren individuellen Bedürfnissen entsprechen: zur Menstruation, zu Verhütung oder Kinderwunsch, zum Stressmanagement und zu den Symptomen der Wechseljahre. Mit Fragebogen, Selbstbeobachtungen, sinnvoller Ernährung und Körperübungen sowie der bewährten Hormon-Balance-Kur gelangen Sie zu authentischem Selbstausdruck, gesundem Schlaf, wunderbarem Sex und einem vor Glückshormonen überschäumenden Leben.

Werden Sie aktiv, und bringen Sie Ihre Gesundheit, Jugendlichkeit, Lebensfreude und Weiblichkeit zu voller Blüte!

SABINE HAUSWALD

Happy Hormones
Das Hormonbalance-Praxisbuch

Sabine Hauswald
Happy Hormones
Das Hormonbalance-Praxisbuch
256 Seiten, Flexobroschur, farbig, mit Abb.
ISBN 978-3-8434-1365-7
D € 19,95 | A € 20,60

Schirner Verlag

Es gibt verschiedene Möglichkeiten, den eigenen Rückzugsort zu visualisieren: Du kannst dir einen zu deiner Stimmung passenden Rückzugsort aussuchen oder immer wieder an denselben, deinen Lieblingsrückzugsort, zurückkehren. Die drei in diesem Buch enthaltenen Rückzugsorte – die Burg auf dem Felsen, das Haus im Garten und die Höhle im Wald – sind lediglich Vorschläge. Du besuchst sie in Form einer kurzen Atem-Fantasiereise und bist so schon bei der Ankunft an deinem Rückzugsort in einer entsprechend ruhigen und meditativen Haltung. Diese drei Reisen ähneln den Mini-Urlauben in meinem Buch »Visualisierte Atemmeditation« (erschienen im Schirner Verlag, 2019) und haben eine ähnliche Wirkung: Sie entspannen dich und lassen dich in deine Mitte kommen. Ich empfehle dir, zunächst alle drei Fantasiereisen auszuprobieren und dich dann für diejenige zu entscheiden, die dir am meisten zusagt. Genauso gut möglich ist es aber auch, dir deinen individuellen Rückzugsort selbst zu erschaffen. Folge einfach deiner Intuition, und finde heraus, welcher Rückzugsort am besten zu dir passt und welchen du am leichtesten visualisieren kannst. Die Reise zum inneren Rückzugsort und dessen genaue Visualisierung stimmt dich auf die drei inneren Räume ein und dient gleichzeitig der Zentrierung und Kräftigung sowie dem Zur-Ruhe-Kommen. Im Grunde genommen ist es natürlich auch denkbar, die drei Räume direkt zu betreten, da sie sich auch ohne Vorbereitung visualisieren lassen, aber ihr Effekt ist mit der vorangestellten Atem-Fantasiereise deutlich größer.

Was hat es nun genau mit diesen drei inneren Räumen auf sich?

Der ERSTE RAUM ist der Ort, an dem du dich mit deiner Kraft verbindest, dir deiner Gefühle gewahr wirst und dich auf das für dich Wesentliche konzentrierst. Es ist ein Raum, in dem du Kontakt aufnimmst mit deinem inneren Wesenskern, der unberührt ist von allen äußeren Einflüssen. Ein Raum, in dem du die Einfachheit des Daseins spüren und dir deiner Kraft und Stärke bewusst werden kannst. Und vor allen Dingen ist es ein Raum, in den du mit allen Gefühlen – insbesondere mit schmerzhaften, die dich in diesem Augenblick plagen – kommen kannst, um sie auf leichte und angenehme Art zu transformieren, denn du erkennst, dass sie wandelbar sind. Außerdem begegnest du hier deinem Höheren Selbst und deinem Inneren Kind und kannst in diesem Kontakt mit dir selbst Schweres loslassen und neue Kraft tanken. Der erste Raum ist ein Ort, an dem unsere Suche, auf der wir oftmals im Alltag sind, zur Ruhe kommt. Verbunden mit dem bewussten Atmen ist er ein Ort der Verwandlung, der Kräftigung und Stärkung.

Der ZWEITE RAUM ist der Raum der Klärung. Dorthin lädst du dir in deiner Vorstellung eine Person ein, mit der du Schwierigkeiten hast. Dabei spielt es keine Rolle, wie lang und wie gut du diese Person kennst und wie gravierend dir die Schwierigkeiten im Augenblick erscheinen. Es kann sich bei deinem Gegenüber sogar um dich selbst handeln – mit einer Eigenschaft, die du an dir nicht magst, oder einer Angewohnheit, mit der du Schwierigkeiten hast. Du durchläufst mit deinem Gegenüber einen Klärungsprozess, der es dir ermöglicht, den anderen Menschen und eure Beziehung buchstäblich in einem neuen Licht zu sehen. Handelt es sich bei deinem Gegenüber um dich selbst, funktioniert der Klärungsprozess genauso. In einer vollkommen geschützten Atmosphäre nimmst du dich selbst und dein Gegenüber auf eine ganz bestimmte Weise wahr, die gleichzeitig eure Eigenständigkeit als Individuen und eure Gleichwertigkeit und Verbundenheit als menschliche Wesen betont. Sehr wahrscheinlich wird dieser Klärungsprozess Auswirkungen auf die reale Begegnung mit diesem Menschen in der Außenwelt haben, auf alle Fälle aber nimmt er dir das Schwere und Belastende an dem Zustand, dem Ereignis oder der Situation, sodass du freier und unbeschwerter den Klärungsraum verlassen kannst.

Der DRITTE RAUM ist der Raum der Wünsche, in dem du dir das vorstellen kannst, was du in deinem Leben erschaffen willst. Wir alle manifestieren unaufhörlich durch unsere – oft unbewussten – Gedanken und Vorstellungen. Dieses unbewusste Gestalten ist sehr oft von negativen Gedankenmustern geprägt, von Sorgen, Ängsten und Dingen, die wir nicht haben wollen. Im Wunschraum nutzt du die Kraft deiner Gedanken, indem du dir genau vorstellst, was du haben möchtest, und es so konkret wie möglich visualisierst. Auch dies geschieht wiederum im Rhythmus deines Atems. Ähnlich einem Moodboard, einer Collage, auf der du mithilfe von Bildern, Zeichnungen, Texten und Zitaten deine Wünsche und Ziele darstellst, visualisierst du hier auf einer inneren Kinoleinwand alles in deiner Vorstellung, was du dir wünschst und erträumst. So geschieht ein inneres Umprogrammieren des Mangeldenkens zu einem Bewusstsein der Fülle. Das Visualisieren, unterstützt vom Atem, hat den Vorteil, dass es immer und überall angewendet werden kann. Außerdem kannst du dir, indem du dir alles Mögliche vorstellst, darüber klar werden, was du wirklich, also auch in der Realität, möchtest, und was besser ein Wunschtraum bleiben sollte.

Die drei inneren Räume können in einer längeren Meditationsreise nacheinander besucht werden. Ebenso gut funktioniert es aber auch, nach einer kurzen Reise zum inneren Rückzugsort nur einen Raum aufzusuchen, um seine Wirkungsweise zu nutzen und dadurch in einen entspannten Zustand zu kommen. Zum Abschluss kannst du noch beim inneren Rückzugsort verweilen und dort die Rückkehr in die Außenwelt vorbereiten – die Ausklänge bieten sich dafür an –, oder du kehrst sofort wieder zurück in deinen Alltag.

Wie funktioniert die Technik
der visualisierten Atemreise genau?

Im Grunde genommen setzt sie sich lediglich aus zwei Teilen zusammen: Zum einen sagst du dir innerlich ein Wortpaar – ein Wort beim Einatmen, ein Wort beim Ausatmen – zum anderen stellst du dir dabei die inneren Bilder, die diese beiden Wörter in dir auslösen, so genau wie möglich vor. Das laute Aussprechen des Wortpaares ist nicht notwendig. Es genügt, wenn du die Wörter leise und beständig für dich wiederholst. Mache dies so lange, wie du bei einer Station bleiben möchtest. Dann wechselst du zum nächsten Wort- und Bildpaar.

Für die Reise zu den drei inneren Räumen solltest du dir etwa 20–30 Minuten Zeit einplanen, in der du nicht gestört wirst. Für eine kürzere Sequenz, etwa eine der drei Atem-Fantasiereisen oder eine kurze Klärungssequenz im Klärungsraum, genügt auch weniger Zeit. Da die visualisierte Atemreise, anders als die Mini-Urlaube der visualisierten Atemmeditation, eine zusammenhängende Einheit aus mehreren Sequenzen bildet, empfehle ich dir, einen äußeren Rückzugsort aufzusuchen, an dem du ungestört bist und dich ganz auf dich und deine Atemreise konzentrieren kannst.

Zunächst ist es sicher hilfreich, die Texte des Buches vor der Meditation zu lesen, damit sie später nicht ganz neu für dich sind, oder aufzunehmen, damit du sie währenddessen abhören kannst. Wenn du vertrauter mit den Wort- und Bildpaaren bist, genügt es sicherlich auch, die Übersicht am Ende des Buches aufzuschlagen und dich an der Reihenfolge der Begriffspaare zu orientieren.

Da die Kombination aus Wort, Bild und bewusstem Atmen verschiedene Hirnareale anspricht, dein Atem sich vertieft und die Ablenkung durch auftauchende Gedanken geringer wird, stellt sich zusätzlich zu der Klärung und Stärkung, die du in den Räumen erfährst, auch ein Erholungseffekt ein, der umso größer wird, je regelmäßiger du die visualisierte Atemreise anwendest.

Doch damit genug der einleitenden Erklärungen, lasse es uns gemeinsam ausprobieren. Beginnen wir also gleich mit der Reise zu deinem inneren Rückzugsort!

DREI INNERE RÜCKZUGS- ORTE

m Folgenden stelle ich dir drei Fantasiereisen zu verschiedenen inneren Rückzugsorten vor. Sie haben lediglich Vorschlagscharakter, und wenn du möchtest, kannst du dir anschließend eine eigene überlegen. Mit einer Fantasiereise zu einem Rückzugsort bereitest du dich auf den Aufenthalt in den inneren Räumen, oder auch nur in einem von ihnen, vor. Sie versetzt dich in eine ruhige Stimmung, und die Innenräume können dann gleich ihre volle Kraft entfalten.

Die Ziele der folgenden Reisen sind eine Burg auf einem Felsen, ein Haus in einem paradiesischen Garten sowie eine Höhle mitten im Wald. Zu der Burg hoch oben über dem Meer oder inmitten eines großartigen Bergpanoramas bringt dich ein Adler, zum Haus am See gehst du zu Fuß durch eine wunderbare Landschaft, und zur Höhle im Wald reitest du auf einem Pferd.

Jede der drei Reisen legt einen anderen Fokus: Der Flug zur Burg fokussiert den Aspekt der Weite, Ferne und Übersicht, die Wanderung zum Haus am See stellt die Vorstellung eines inneren paradiesischen Gartens in den Mittelpunkt, und der Ritt zur Höhle spricht durch seine Symbolik des Waldes und des Abstiegs unter die Erde stärker das Unbewusste in dir an. Der Rhythmus des Ein- und Ausatmens spielt für alle drei Reisen jedoch die wichtigste Rolle! Probiere sie am besten alle aus, und entscheide dich für diejenige, die dir am meisten zusagt. Oder du wählst jedes Mal eine andere, je nachdem, wie du dich gerade fühlst.

Die Burg auf dem Felsen

Dies ist die Meditationsreise zum ersten inneren Rückzugsort, der Burg auf dem Felsen. Durch die erhöhte Lage der Burg, weithin sichtbar, prachtvoll und mächtig, dient diese Reise insbesondere zur Stärkung des Bewusstseins für die eigene Kraft. Du gelangst zu der Burg, indem du dir vorstellst, dass du wie ein Adler fliegen kannst. Der Adler als Krafttier steht dafür, dass ein Entwicklungsschritt bevorsteht, und gilt als Aufforderung, das eigene Leben in die Hand zu nehmen und die volle Verantwortung dafür zu tragen. Die Reise entfaltet eine beruhigende, sehr meditative Wirkung, da die Wolken und der Himmel keine große visuelle Abwechslung und Ablenkung bieten. Die Burg selbst kann in den Bergen liegen oder auf einem Felsen hoch über einem See oder dem Meer.

Schließe die Augen, und konzentriere dich auf deinen Atem. Nimm wahr, wo du ihn am besten spüren kannst, beim Einströmen in die Nase oder durch das Heben und Senken im Bauchraum. Wenn es dir hilft, sage dir beim Einatmen das Wort »ein« und beim Ausatmen das Wort »aus«. Beginne dann, nach ein paar bewussten Atemzügen, mit der Reise.

ADLER – FLUG

Stelle dir vor, dass du dich – wo du dich gerade befindest – in einen mächtigen, wunderschönen Adler verwandelst. Alternativ dazu kannst du auch visualisieren, wie ein großer Adler zu dir kommt und dich auf seinem Rücken mitnimmt. Sage dir beim Einatmen das Wort »Adler«, und sieh vor deinem inneren Auge, wie du dich als dieser Adler vom Boden abstößt. Du breitest die mächtigen Flügel aus und steigst rasch hoch in die Luft. Sage dir beim Ausatmen das Wort »Flug«, und fühle die mächtigen Schwingen, die dein Körpergewicht spielend leicht tragen und dich höher und höher steigen lassen. Bleibe so lange bei diesem Wortpaar, bis du in deiner Vorstellung eine angenehme Flughöhe erreicht hast.

HEBEN – SENKEN

Im Rhythmus deines Atems – beim Einatmen sagst du dir das Wort »heben«, beim Ausatmen das Wort »senken« – spürst du deutlich, wie sich die Flügel auf und nieder bewegen und du dadurch in einen gleichmäßigen Flugrhythmus kommst. Du siehst die Adlerschwingen vor dir, unabhängig davon, ob du in deiner Vorstellung selbst der Adler bist oder dich von ihm tragen lässt. Nimm die Spannung der Flügel wahr, vom Körperansatz bis zur Flügelspitze, und fühle ihre Kraft, wenn sie sich heben und senken. Gleichzeitig wird dein Atem tiefer, und die Bewegungen werden immer selbstverständlicher für dich, majestätischer. Die Atembewegung (ein – aus) und die Flügelbewegung (auf – ab) gleichen sich an und verschmelzen zu einer einzigen. Bist du selbst der Adler, unterstützt du die Kraft der Flügel und die Leichtigkeit ihrer Bewegungen durch dein Atmen. Stellst du dir vor, auf dem Adler zu sitzen, unterstützt du seinen Flug durch deinen Atem. Genieße diese Einheit, die dich durch die Lüfte und immer höher trägt. Wenn du ganz im Gefühl des Fliegens angekommen bist, kannst du deinen Blick auf deine Umgebung richten.

WOLKEN – HIMMEL

Du hast deine Flughöhe erreicht und ziehst als stolzer Adler – oder auf deinem Adler – deine Bahn. Sage dir beim Einatmen das Wort »Wolken«, und nimm wahr, wie du durch die Wolken reist. Du siehst, wie die Wolkenformationen vor dir auftauchen, wie sie an dir vorbeiziehen, sich beim Durchqueren verändern und hinter dir zurückbleiben, wie wieder neue vor dir auftauchen. Du befindest dich mitten in den Wolken, hast aber gleichzeitig ein Gefühl für die Weite des Himmels, der dich umgibt. Sage dir beim Ausatmen das Wort »Himmel«, und spüre, wie er die Wolken trägt und umfasst. Du merkst, wie sich dein Gedankenstrom verlangsamt und du nur noch aus dem Auf und Ab der Flügel bestehst, dem Wahrnehmen der Wolken, der Konzentration beim Hindurchfliegen und dem Wissen um den alles umspannenden Himmel. Wenn du dich genügend entspannt hast, gehst du in einen leichten Sinkflug.

FELSEN – BURG

Vor dir taucht ein majestätischer Felsen auf, der entweder in einem überwältigenden Bergpanorama liegt oder weithin sichtbar am Ufer eines Sees oder des Meeres. Sage dir beim Einatmen das Wort »Felsen«, während du auf ihn zusteuerst und er beim Näherkommen größer und größer wird. Du kannst Details erkennen, seine Beschaffenheit und seine Umgebung, und nimmst die Burg immer deutlicher wahr, die auf ihm erbaut ist. Sage dir beim Ausatmen das Wort »Burg«, und sieh sie vor deinem geistigen Auge: Von Weitem sichtbar thront sie über der Landschaft und vermittelt einen Eindruck von Uneinnehmbarkeit und vollkommenem Schutz. Beim Näherfliegen kommt es dir so vor, als bilde sie eine perfekte Einheit mit dem Felsen, und gleichzeitig weißt du, dass es *deine* Burg ist und dass sie für dich da ist – als dein Rückzugsort, über dessen Zugang du ganz allein verfügst. Nun bist du schon ganz nah und erkennst die

Türme und Zinnen, die Gebäude und Mauern deutlich. Vielleicht kannst du auch einen Burggarten sehen, einen Balkon oder eine andere günstige Stelle für die Landung.

LANDUNG – AUSBLICK

Sage dir beim Einatmen das Wort »Landung«, und stelle dir vor, wie du um die Burg kreist, eine geeignete Stelle für die Landung ins Visier nimmst und dich dort niederlässt. Von ihr aus hast du einen unglaublichen Ausblick auf die Landschaft. Sage dir beim Ausatmen das Wort »Ausblick«, und lasse deinen Blick schweifen – über das Bergpanorama, das die Burg umgibt, oder über den See oder das Meer, an dessen Ufer der Felsen liegt, auf der sie gebaut ist. Öffne dich ganz für das Gefühl des Ankommens und die Tatsache, dass es sich um *deine* Burg handelt, zu der nur du allein Zutritt hast. Wenn du dich bereit fühlst, kannst du dich nun wieder zurückverwandeln, wenn du selbst als Adler zur Burg geflogen bist, oder von deinem Krafttier absteigen und ihm für den Flug zur Burg danken. Genieße noch ein wenig das Gefühl, das die geglückte Landung in dir auslöst, und den grandiosen Ausblick, indem du dir die beiden Wörter »Landung« (beim Einatmen) und »Ausblick« (beim Ausatmen) sagst, und mache dich dann auf den Weg ins Innere deiner Burg.

ABSTIEG – ANKUNFT

Du verlässt nun den Landeplatz und betrittst das Innere der Burg. Dort siehst du eine Treppe, die dich nach unten führt. Sage dir beim Einatmen das Wort »Abstieg«, und nimm ganz bewusst wahr, wie du Schritt für Schritt die Treppe hinabsteigst. Gleichzeitig verstärkt sich das Gefühl des Angekommen-Seins, dem du mit dem Wort »Ankunft« beim Ausatmen Ausdruck verleihst. Du gehst durch enge und weite Gänge, durch kleine und große Räume und siehst dir alles, was es dort zu sehen gibt, ganz genau an. Die Burg macht einen hellen, freundlichen Eindruck, und da es *deine* Burg ist, gibt es dort nur Dinge, die du gewählt hast und haben möchtest. Dennoch ist es so, als sähest du heute alles zum ersten Mal. Du betrittst noch eine Treppe, während du dir weiterhin die Wörter »Abstieg« beim Einatmen und »Ankunft« beim Ausatmen sagst. Sie führt dich tiefer hinunter – vor eine große, schwere, wunderschön gearbeitete Tür.

TÜR – EINTRITT

Betrachte diese Tür für eine Weile, und sage dir beim Einatmen das Wort »Tür«. Dabei siehst du ihre kunstvolle Verarbeitung – möglicherweise kannst du filigrane Schnitzereien auf ihr erkennen. Beim Ausatmen sagst du dir das Wort »Eintritt« und bereitest dich damit darauf vor, in den dahinterliegenden Raum zu treten. Beim erneuten Einatmen spürst du noch den Nachhall deines Fluges durch die Wolken, beim weiteren Ausatmen öffnest du dich innerlich für die Erfahrungen, die hinter der Tür auf dich warten. Du befindest dich in einer Situation des Übergangs, aber sie hat nichts Beunruhigendes an sich, sondern gibt dir eine große Energie. Du spürst die Lebendigkeit in dir und freust dich auf das Übertreten der Schwelle. Stelle dir vor, wie du selbst die Tür öffnest, wie sie sich ganz leicht bewegen lässt und wie du voller Vorfreude in den angrenzenden Raum gehst.

Die innere Reise geht nun also beim »Gefühlsraum« (siehe S. 55) weiter. Wenn du alternativ dazu die Meditation mit dieser Fantasiereise abschließen möchtest, kannst du einfach nur in den Raum gehen und dir die Begriffspaare »Raum« (beim Einatmen) und »Stille« (beim Ausatmen) sagen. Dann verweilst du so lange in diesem Raum, ohne ihn näher zu erkunden, wie du möchtest, und kommst danach wieder in deinem Tempo in die Außenwelt zurück.

Das Haus im Garten

Die folgende Fantasiereise führt dich zu einem inneren Garten und dort zu einem Haus. Der innere Garten ist in vielen Traditionen, nicht zuletzt durch seine inhaltliche Nähe zum Paradies, ein beliebtes Bild für den inneren Rückzugsort. Die folgende Reise beginnt in der Natur, führt dich über Hügel und durch Täler hin zu einer Steinmauer, an der du entlanggehst. Durch eine Pforte gelangst du in deinen inneren, paradiesischen Garten. An einem wunderschönen See – oder auch am Ufer des Meeres – liegt ein Haus, das dich willkommen heißt und die drei inneren Räume beherbergt. Da du auf dieser Reise nicht wie bei den beiden anderen von einem Tier begleitet wirst, kannst du sie, wenn du einmal weniger Zeit hast, leicht abkürzen und gleich an der Gartenpforte beginnen. Für die Rhythmisierung des Atems und eine tiefere Entspannung empfiehlt sich jedoch der Beginn in der Natur.

Schließe die Augen, und konzentriere dich auf deinen Atem. Nimm wahr, wo du ihn am besten spüren kannst, beim Einströmen in die Nase oder durch das Heben und Senken im Bauchraum. Wenn es dir hilft, sage dir beim Einatmen das Wort »ein« und beim Ausatmen das Wort »aus«. Beginne dann, nach ein paar bewussten Atemzügen, mit der Reise.

NATUR – PFAD

Du stehst inmitten einer wunderschönen Landschaft unter einem stattlichen Baum. Sage dir beim Einatmen das Wort »Natur«, und sieh alle Details vor dir: den mächtigen Stamm und die verzweigten Äste des Baumes, sein dichtes Blätterdach, die summenden Insekten, die ihn umschwirren. Dein Blick richtet sich auch auf die nähere und fernere Umgebung, hügelig, sanft ansteigend und abfallend, eingehüllt in eine friedliche, harmonische Atmosphäre und überspannt von einem strahlend blauen Himmel. Beim Ausatmen siehst du den Pfad vor deinen Füßen. Sage dir das Wort »Pfad«, und folge ihm gemächlich, wo immer er auch entlangläuft – durch Wiesen, Wälder, an einem Bach entlang, stets durch die wunderbare, unberührte Natur. Die Landschaft, die du durchquerst, entspricht deiner inneren Verfassung. Du hast das Gefühl, du gehst durch deine Seelenlandschaft. Du spürst den Rhythmus deiner Schritte und den sicheren Pfad unter deinen Füßen. Natur – Pfad.

HÜGEL – TÄLER

Du wanderst weiter, über Hügelkuppen und durch Talsenken. Sage dir beim Einatmen das Wort »Hügel« und beim Ausatmen das Wort »Täler«. Im Rhythmus deines Atems führt dich der Pfad hinauf und hinunter. Es geht immer weiter durch die wundervolle Landschaft, die sich im Laufe der Wanderung beständig verwandelt, aber doch ihren einzigartigen Charme und Charakter bewahrt. Du nimmst die vielen Farben intensiv wahr, die sich dir darbieten – sonnengelbe Felder, saftig grüne Wälder, eisblaue Wasserläufe und bunte Blumenwiesen – ebenso wie die Gerüche und Geräusche. Deine Sinne sind geschärft, und du bemerkst jedes Detail, während dein Atem dich leicht vorwärts trägt. Hinauf und hinab geht es durch die sanft gewellte Landschaft, über sämtliche Hügel und durch alle Täler, auf dem gewundenen Pfad, der mit deinen Füßen und deinem Atem immer mehr eine Einheit bildet.

STEIN – MAUER

Während des Gehens siehst du zu deiner Rechten aufeinandergeschichtete Steine und erkennst, dass es sich um eine Mauer handelt. Sage dir beim Einatmen das Wort »Stein« und beim Ausatmen das Wort »Mauer«, während du dem Pfad weiter folgst, der nun beständig an der Mauer entlangführt. Die Mauer macht einen freundlichen Eindruck, ihre Steine sind sonnenbeschienen und warm. Hin und wieder siehst du eine kleine Eidechse über sie hinhuschen. Beim Gehen wächst in dir der Wunsch, zu erfahren, was sich hinter der Mauer verbirgt. Währenddessen nimmst du aber auch die Schönheit der Natur wahr, die sich diesseits der Mauer befindet und durch die du hierher gewandert bist. Du betrachtest noch einmal ganz bewusst die hügelige Landschaft und den blauen Himmel, der sie überspannt. Unversehens gelangst du zu einer Pforte, dem ersehnten Durchgang zu deinem Garten.

GARTEN – PFORTE

Du bleibst stehen und siehst, dass die Pforte nicht verschlossen, sondern leicht angelehnt ist und den Blick auf einen fantastischen, großen, wunderschönen Garten freigibt, von dem du sofort intuitiv weißt, dass es sich um *deinen* Garten handelt. Sage dir beim Einatmen das Wort »Garten« und beim Ausatmen das Wort »Pforte«. Die Pforte ist überwachsen von zarten Blumen, die einen angenehmen Duft verströmen und dich einladen, durch das Tor hindurchzugehen. Du betrittst deinen Garten, der schöner ist als jeder, den du jemals zuvor gesehen hast: Die Farben sind leuchtend und intensiv, die Weite ist beeindruckend und lädt zum Flanieren ein. Du fühlst dich sicher und geborgen, während du noch einmal zurückschaust und dich freust, dass du durch die Pforte in *deinen* eigenen Garten gefunden hast. Dann machst du dich auf den Weg, ihn zu erkunden.

PARADIES – HEIMAT

Du durchquerst deinen Garten und schaust dir alles ganz genau an. Du spürst mit jeder Faser deines Seins, dass es sich um *dein* Paradies handelt. Sage dir beim Einatmen das Wort »Paradies« und beim Ausatmen das Wort »Heimat«. Du gehst über grüne Wiesen und betrachtest die farbenfrohen Blumen. Vielleicht entdeckst du eine Hängematte, in die du dich legen kannst, um dich von der Wanderung hierher auszuruhen und einfach die Kraft und Energie zu spüren, die von deinem paradiesischen Garten ausgeht. Du fühlst dich vollkommen geborgen und genießt die zauberhafte Stimmung, die in diesem Garten über allem liegt. Es ist möglich, dass ein Tier zu dir kommt und dir Gesellschaft leistet oder dass du die Antwort auf eine Frage erhältst, die dich schon lange Zeit beschäftigt. Sieh die Dimensionen deines Gartens, erkunde ihn, oder suche dir einen Lieblingsplatz zum Verweilen. Spüre das Heimatgefühl, das in dir aufsteigt, immer deutlicher.

SEE – HAUS

Du gehst durch den Garten und entdeckst in einiger Entfernung einen schönen See, der einladend und ruhig in einem besonderen Glanz erstrahlt. Die Wasseroberfläche ist glatt, und die Umgebung spiegelt sich in ihr. Sage dir beim Einatmen das Wort »See«. Wenn es deinem inneren Bild besser entspricht, kannst du dir auch einen Zugang zum Meer vorstellen, zum

Beispiel einen kleinen Kies- oder Sandstrand. Dann sagst du dir stattdessen das Wort »Meer«. Sieh alle Einzelheiten so genau wie möglich vor deinem inneren Auge. Neben dem See oder Strand steht ein Haus, das sorgsam gepflegt wirkt und eine friedliche Atmosphäre und eine große Herzlichkeit ausstrahlt. Sage dir beim Ausatmen das Wort »Haus«. Du fühlst dich sofort eingeladen, zu ihm zu gehen und es dir aus der Nähe anzusehen. Nimm alles wahr, was dieses Haus ausmacht und zu der besonderen Atmosphäre beiträgt, die es verströmt: seine Farbe, die Tür, die Fenster und Fensterläden …

WILLKOMMEN – ZU HAUSE

Nun gehst du auf einem Weg auf das Haus zu. Mit jedem Schritt wird das Gefühl stärker, dass das Haus dich einlädt, zu ihm zu kommen, so, als hätte es schon lang auf dich gewartet. Du sagst dir beim Einatmen das Wort »willkommen« und bist erfreut und gespannt zugleich. Beim Näherkommen kannst du immer mehr Einzelheiten wahrnehmen. Dir ist völlig klar, dass es *dein* Haus ist, so, wie auch der Garten *dein* Garten ist, und dass du hier zu Hause bist. Verleihe diesem Gefühl Ausdruck, indem du beim Ausatmen die Worte »zu Hause« sagst. Du stehst nun vor der Haustür, die entweder bereits geöffnet ist oder sich ganz leicht von dir öffnen lässt, und betrittst das Gebäude. Im Inneren verstärkt sich dein Gefühl, zu Hause zu sein, noch einmal. Du bist angekommen, und eine vollkommene Ruhe breitet sich in dir aus. Gleich hinter dem Eingangsbereich befindet sich der erste Raum, den du nun in einer ruhigen, zentrierten und beinahe feierlichen Haltung betrittst.

Die innere Reise geht nun also beim »Gefühlsraum« (siehe S. 55) weiter. Wenn du alternativ dazu die Meditation mit dieser Fantasiereise abschließen möchtest, kannst du einfach nur in den Raum gehen und dir die Begriffspaare »Raum« (beim Einatmen) und »Stille« (beim Ausatmen) sagen. Dann verweilst du so lange in diesem Raum, ohne ihn näher zu erkunden, wie du möchtest, und kommst danach wieder in deinem Tempo in die Außenwelt zurück.

Die Höhle im Wald

Dies ist die Reise zum dritten inneren Rückzugsort. Nach der Burg auf dem Felsen, die aufgrund ihrer erhöhten Lage für Übersicht und Weitblick steht, und dem ebenerdigen Haus in deinem paradiesischen Garten, der besonders den Aspekt des Zu-Hause-Seins betont, spricht diese Reise vor allem dein Unterbewusstsein an. Du reitest zunächst auf einem Pferd durch eine idyllische Landschaft, hinein in einen Wald. Als Krafttier steht das Pferd für Freiheitsdrang, Lebensfreude – insbesondere, wenn es frei und ungezähmt ist –, aber auch inneren und äußeren Reichtum. Dein Weg führt dich zu einer großen Lichtung, dem Zentrum des Waldes. Dort findest du neben einer Quelle oder einem Wasserfall eine Höhle, in der du in das Erdreich hinabsteigen kannst, und in ihr die drei inneren Räume. Durch die Symbolik der Höhle ist die Reise besonders gut dafür geeignet, tiefere Schichten deines Bewusstseins anzusprechen und dir einen Zugang zu deinen unbewussten Wünschen und Vorstellungen zu ermöglichen.

Schließe die Augen, und konzentriere dich auf deinen Atem. Nimm wahr, wo du ihn am besten spüren kannst, beim Einströmen in die Nase oder durch das Heben und Senken im Bauchraum. Wenn es dir hilft, sage dir beim Einatmen das Wort »ein« und beim Ausatmen das Wort »aus«. Beginne dann, nach ein paar bewussten Atemzügen, mit der Reise.

PFERD – RITT

Du befindest dich im Freien, möglicherweise in der Nähe eines Stalls oder auf einem Gehöft, und siehst ein Pferd vor dir, das dich aufmerksam und freundlich anblickt. Es kann auch sein, dass du dich in der freien Natur befindest und ein Wildpferd auf dich zukommt und es dir gestattet, aufzusitzen und dich von ihm tragen zu lassen. Sage dir beim Einatmen das Wort »Pferd«, und spüre sein weiches Fell unter deinen Fingerspitzen, seine kraftvolle Gegenwart und seine energiegeladene, wache Präsenz. In deiner Vorstellung steigst du nun auf dein Pferd auf und fühlst beim Ausatmen, wie es sich langsam in Bewegung setzt. Sage dir dabei das Wort »Ritt«. Du bist voller Vorfreude auf das, was dich nun erwartet, und neugierig darauf, wohin dich das Pferd bringen wird. Gemeinsam macht ihr euch auf den Weg, und du merkst, wie die Einheit, die du und das Pferd bilden, mit jedem Schritt größer wird.

AUF – AB

Ähnlich wie beim Flug des Adlers ist es wichtig, dass du dich zunächst in die Bewegung des Pferdes und in deine eigene Bewegung beim Reiten hineinatmest. Du nimmst wahr, wie sich dein Körper auf dem Pferd leicht und gleichmäßig hebt und senkt. Sage dir beim Einatmen das Wort »auf«, und fühle, wie sich dein Körper ein wenig vom Rücken des Pferdes hebt und wie deine Beine, insbesondere die Oberschenkel, die stärkste

Kontaktfläche zum Pferd bilden. Sage dir beim Ausatmen das Wort »ab«, sinke in deiner Vorstellung wieder zurück auf den Rücken des Pferdes, und spüre, wie nun auch dein Becken wieder einen festen Kontakt zu dem Pferderücken hat. Dieses angenehme und rhythmische Auf und Ab verstärkt sich durch die Veränderung der Geschwindigkeit, wenn dein Pferd nun in einen leichten Trab verfällt. Dein Atem behält den bisherigen Rhythmus bei. Wenn du einen guten Rhythmus gefunden hast, kannst du dich auf deine Umgebung konzentrieren.

FELDER – WALDRAND

Sage dir beim Einatmen das Wort »Felder«, und sieh – abhängig von der Jahreszeit, in der du unterwegs bist – unterschiedlich bewirtschaftete Felder vor und hinter dir liegen, durch die du hindurchreitest. Stelle dir die Umgebung so genau wie möglich vor: die geraden Feldwege, die hohen Bäume und gedrungenen Büsche am Wegesrand, die Unendlichkeit des Himmels über dir, die Formationen der Wolken, den Stand der Sonne und den Schatten, den du und das Pferd werfen. Beim Ausatmen sagst du dir das Wort »Waldrand« und nimmst den Wald wahr, auf den du zureitest. Du spürst die Frische der Luft, die Weite der Umgebung und – je näher du ihm kommst – die Präsenz des Waldes. Er liegt groß und freundlich vor dir, und du kannst immer mehr Details erkennen. Vielleicht siehst du bereits unterschiedliche Baumarten, den Weg, der am Waldrand entlangläuft, einen Hochsitz oder das ein oder andere Tier. Wenn du am Waldrand angekommen bist, reitest du noch eine Weile an ihm entlang. Der Wald liegt zu einer Seite, die Felder, durch die du geritten bist, zur anderen. Wenn du bereit bist, biegst du auf einen kleinen Waldweg ab und befindest dich nun mitten im Wald.

WALD – WEG

Der Wald ist angenehm kühl, dunkel und voller Grüntöne in den unterschiedlichsten Schattierungen. Sage dir beim Einatmen das Wort »Wald«, und nimm die Lebendigkeit und Selbstverständlichkeit, die er ausstrahlt, in dich auf. Gleichzeitig wirkt er geheimnisvoll auf dich, sodass die Vorfreude und Spannung, die du bereits zu Beginn des Ausritts gespürt hast, noch zunehmen. Beim Ausatmen sagst du das Wort »Weg«, siehst den Waldweg unter den Hufen deines Pferdes und wirst dir der Tatsache bewusst, dass nicht du dem Weg folgen musst, sondern dass das Pferd ihn spielerisch und mit Leichtigkeit geht und ihr bei jeder Kreuzung ganz genau wisst, wohin ihr euch zu wenden habt. Das Pferd und du bilden eine harmonische Einheit, aber auch der Wald und der Weg gehören dazu, sodass die Lebendigkeit deines Körpers, die Lebendigkeit des Pferdes und die grüne Lebendigkeit des Waldes nicht zu trennen sind. Du reitest immer tiefer in den Wald hinein und merkst, wie es gleichzeitig immer heller wird.

LICHTUNG – ZENTRUM

Du kommst auf einer Waldlichtung an und sagst dir beim Einatmen das Wort »Lichtung«. Du steigst von deinem Pferd ab und wirst dir darüber bewusst, dass du dich im Zentrum des Waldes befindest. Sage dir beim Ausatmen das Wort »Zentrum«, und fühle, wie du immer mehr in deiner inneren Mitte ankommst, so, als würde alles Nebensächliche von dir abfallen. Das Pferd beginnt, zu grasen, während du die Lichtung genauer betrachtest. Möglicherweise stehst du auf einer Wiese mit hohem Gras, vielleicht siehst du dort eines deiner Krafttiere, das auf dich wartet und dich freundlich begrüßt. Du schaust hinauf zu den Wipfeln der umstehenden Bäume und siehst die Sonne, die die Lichtung in ein sanftes Licht taucht. Der Zauber und die Lebendigkeit des Waldes sind hier, in seinem Zentrum, besonders stark spürbar. Du schaust dich um und entdeckst immer mehr Details.

QUELLE – HÖHLE

Dein Blick fällt auf eine Quelle – oder, wenn es deinem inneren Bild besser entspricht, einen Wasserfall – in deiner unmittelbaren Umgebung. Sage dir beim Einatmen das Wort »Quelle« oder »Wasserfall«, und sieh das sprudelnde Wasser vor dir. Beim Ausatmen bemerkst du einen Höhleneingang, der sich in der Nähe befindet. Du gehst zunächst zu der Quelle, tauchst deine Hände in das kühle, kristallklare Wasser und benetzt damit dein Gesicht. Du spürst seine reinigende Wirkung. Wende dich nun der Höhle zu, aus der ein angenehmes, warmes Licht scheint. Es fühlt sich an, als würde die Höhle auf dich warten. Und dem ist auch so, denn dir ist bewusst, dass es sich um *deine* Höhle handelt, zu der kein anderer Zutritt hat als du. So machst du dich auf den Weg zu ihrem Eingang und fühlst immer noch den Effekt des reinigenden Wassers auf deiner Haut. Bevor du in die Höhle gehst, wendest du dich noch einmal um, siehst noch ein wenig dem Sprudeln der Quelle zu und fühlst dich gestärkt durch ihre Kraft.

EINGANG – INNENRAUM

Du befindest dich nun direkt vor dem Eingang zu *deiner* Höhle. Sage dir beim Einatmen das Wort »Eingang«, und tritt in die Öffnung zur Höhle. Sage dir beim Ausatmen das Wort »Innenraum«, und nimm bewusst dieses Dazwischen wahr: den Eingangsbereich der Höhle, von dem aus du noch einen Blick auf die Waldlichtung und die sprudelnde Quelle hast – und das einladende Halbdunkel des Höhleninneren, das dich ruft und auf dich wartet. Du betrittst nun bewusst die Höhle, in der sich das angenehme, leuchtende, geheimnisvolle Licht, das zuvor bereits nach draußen drang, verstärkt und dich umhüllt. Es ist ein Gefühl von Angekommen-Sein und Geborgenheit, das dich im Inneren *deiner* Höhle umgibt. Du befindest dich im ersten Raum dieser Höhle.

Die innere Reise geht nun also beim »Gefühlsraum« (siehe S. 55) weiter. Wenn du alternativ dazu die Meditation mit dieser Fantasiereise abschließen möchtest, kannst du einfach nur in den Raum gehen und dir die Begriffspaare »Raum« (beim Einatmen) und »Stille« (beim Ausatmen) sagen. Dann verweilst du so lange in diesem Raum, ohne ihn näher zu erkunden, wie du möchtest, und kommst danach wieder in deinem Tempo in die Außenwelt zurück.

Exkurs: Dein individueller Rückzugsort

Wenn es dir lieber ist, einen ganz anderen, *deinen* Rückzugsort zu erschaffen, dann kannst du das ganz leicht tun. Als Erstes überlegst du dir, wohin du reisen möchtest und wie du am besten an diesen Ort gelangst. Stellst du dir beispielsweise einen Kristalltempel am Grund des Meeres vor, fällt dir vielleicht direkt ein Delfin ein, der dich sicher dorthin bringen kann. Dann stellst du dir vor, wie dich dieses Tier auf eine Reise mitnimmt, und sagst dir das Wort »Delfin« beim Einatmen und beispielsweise »Reise« beim Ausatmen. Beginne also immer mit dem »Transportmittel« oder Weg, so, wie es auch bei der Burg (Adler), dem Haus am See (Pfad) und der Höhle im Wald (Pferd) der Fall war.

Finde danach ein Begriffspaar, das die Auf- und Ab-Bewegung deines Atems abbildet. In den vorangegangenen Reisen waren das die Schwingen des Adlers, die Hügel der Landschaft, durch die sich der Pfad zum paradiesischen Garten schlängelt, oder das Auf und Ab des Reiters beim Ritt zur Höhle im Wald. Im Beispiel mit dem Delfin, der dich zu deinem Unterwassertempel bringt, könnte es das Begriffspaar »steigen – sinken« sein, das die Bewegung des Delfins im Wasser aufgreift und sie mit deinem Atem synchronisiert. Stelle dir die Bewegung so genau wie möglich vor. So verschmilzt dein inneres Bild – in diesem Fall das Bild der Delfinreise – mit dem Rhythmus deines Atems.

Als Drittes nimmst du die Umgebung wahr, durch die du dich bewegst. Bei der Delfinreise könntest du nun beispielsweise das klare Wasser und die frische Luft wahrnehmen, wenn der Delfin immer wieder Sprünge unternimmt und ins Wasser zurücktaucht – dann wäre das Begriffspaar für das Ein- und Ausatmen »Luft – Wasser«. Wenn es dir lieber ist, dass der Delfin unter Wasser bleibt, wären Begriffe denkbar, die die Qualität des Wassers beschreiben, wie »blau« oder »still«. Wichtig ist bei diesem Schritt nur, dass du den Blick nun nach außen richtest und deine Umgebung wahrnimmst. Auch hier ist es natürlich gut, sich alles so detailgetreu wie möglich vorzustellen. Bleibe eine Zeit lang mit deiner Aufmerksamkeit bei deiner Umgebung, bevor du zur nächsten Station gehst.

Sieh nun das Ziel deiner Reise in einiger Entfernung vor dir. Im Beispiel der Delfinreise wäre das der Kristalltempel auf dem Meeresgrund. Dann könnte das Begriffspaar aus einem zusammengesetzten Wort bestehen, wie zum Beispiel »Kristall – Tempel«. Genauso gut möglich ist es aber auch, zusätzlich den Ort zu benennen, an dem sich das Ziel befindet, beispielsweise »Kristalltempel – Meeresgrund«. Längere Wörter verlängern die Atemzüge automatisch, weil du mehr Zeit brauchst, um sie dir beim Ein- und Ausatmen innerlich zu sagen. Zu Beginn der Meditation ist der Atem meist noch flacher, doch beim vierten Begriffs- und Bildpaar können ruhig auch längere Wörter gewählt werden, um den Atem noch etwas mehr zu vertiefen.

Mit dem fünften Begriffspaar kommst du bei deinem Ziel an und stellst dir vor, wie deine Füße den Ort betreten, an dem später deine inneren Räume zu finden sind. Bei der Reise zur Burg landest du mit dem Adler zum Beispiel auf den Zinnen, beim Haus am See siehst du dich in dem paradiesischen Garten um, der das Haus umgibt, und bei der Höhle im Wald kommst du auf der Lichtung mit dem Höhleneingang an. Nehmen wir die Delfinreise, könnte es hier nun ein Torbogen sein, durch den du ins Innere des Tempels trittst. Ein mögliches Begriffs- und Bildpaar wäre in diesem Fall »Torbogen – Durchgang«. Sieh wiederum alle Details vor deinem inneren Auge. Du stellst dir zum Beispiel vor, wie der Torbogen genau aussieht und wie du vom Rücken des Delfins absteigst und durch den Torbogen ins Innere des Tempels gelangst. Du bist nun also in deinem inneren Rückzugsort angekommen.

Als Nächstes erkundest du deinen Rückzugsort und nimmst ihn in Besitz. Das geschieht, indem du dich neugierig umsiehst und herausfindest, was es an diesem Ort alles zu sehen und zu entdecken gibt. In einem kristallinen Unterwassertempel könnte es beispielsweise eine Menge Gänge geben oder gar ein Labyrinth, durch das du mit traumwandlerischer Sicherheit gehst. Dann könntest du das Begriffspaar »Gänge – Labyrinth« wählen. Oder aber dir ist die Licht- und Geräuschqualität wichtig, die an diesem Ort vorherrscht, und du wählst Begriffe wie »Licht« und »Klang«. Wichtig ist, dass dich die Begriffe in deiner Vorstellungskraft nicht einschränken, dir aber dennoch Orientierung für die Visualisierung geben, während du dich an deinem Rückzugsort befindest.

Das letzte Wort- und Bildpaar bezieht sich auf den Eingang zum ersten inneren Raum. Dabei spielt es keine Rolle, ob du in diesem Raum die Atemreise fortsetzen willst oder ob er dir als Endpunkt für die Fantasiereise an deinen inneren Rückzugsort dient. Jede Fantasiereise kann in diesem Raum enden, ohne fortgesetzt werden zu müssen. Du stellst dir einfach den Zugang zu deinem inneren Raum vor, wodurch es dir leicht fällt, ein entsprechendes Wort- und Bildpaar zu finden. Im Beispiel mit dem kristallinen Unterwassertempel könnte es vielleicht ein schimmernder Vorhang sein, der den Raum verbirgt. Dann wäre die Bewegung des Vorhang-Beiseiteschiebens die Öffnung zu diesem Raum hin, wodurch sich die Begriffe »Vorhang« und »Öffnung« anbieten würden. Wie bei den vorherigen Fantasiereisen auch, kannst du dann entweder als Abschluss das Wort- und Bildpaar »Raum – Stille« verwenden, bevor du in die Außenwelt zurückkehrst, oder du schließt die Erkundung des gewünschten inneren Raumes direkt an die Fantasiereise an.

DIE DREI INNEREN RÄUME

Die drei inneren Räume bilden das Herzstück des inneren Rückzugsortes, einerlei, ob es sich dabei um die Burg auf dem Felsen, das Haus am See, die Höhle im Wald oder um deinen individuellen Rückzugsort handelt: Es sind der Raum der GEFÜHLE, der Raum der KLÄRUNG und der Raum der WÜNSCHE. Wenn du die gesamte Atemreise schon einmal durchgeführt hast, kannst du auch einzelne Sequenzen bestimmter Räume isoliert anwenden (siehe dazu das Kapitel »Mini-Sequenzen für den Alltag: mit Urlaubsfotos von der Atemreise zu Ruhe und Kraft«, S. 117).

In den drei inneren Räumen findet eine gedankliche Auseinandersetzung mit dir selbst, dem, was dich belastet, und deinen Wünschen statt. Dies geschieht jedoch nicht auf einer kognitiven Ebene, sondern durch das bewusste Atmen und Visualisieren auf einer tieferen, meditativen Ebene. Oft genug denken wir über uns, unsere emotionalen Reaktionen, konfliktbehaftete Beziehungen und unsere Wünsche, Vorstellungen und Ziele auf einer sehr abstrakten Ebene nach. Auf dieser gedanklichen Ebene ist es schwierig, Lösungen zu finden. Die Vorstellung, dass du dich in dich selbst, in drei innere Räume zurückziehst, in denen die Lösung einfach geschieht, wird dir helfen, die Energie fressenden Gedanken einfach beiseitezuschieben. Du begibst dich ganz auf eine Ebene, auf der bereits alles im Lot ist. Diese neue Perspektive verändert deine Sichtweise auf deine aktuelle Lebenssituation, auf Gefühle, auf die

Menschen um dich herum, auf Konflikte und noch nicht erfüllte Wünsche. Durch das bewusste Atmen und die inneren Bilder entspannst du dich, öffnest dich der Lösungsebene und bist nicht mehr den problematischen, Energie raubenden Gedanken verhaftet.

Lasse uns nun also die drei Räume betreten: erst den Gefühlsraum, dann den Klärungsraum und schließlich den Wunschraum.

Der erste Raum:
Der Gefühlsraum

Im ersten Raum geht es nur um dich. Es geht um das Wesentliche in deinem Leben und darum, zu erkennen, was unwesentlich ist. Und vor allem geht es um Gefühle, weil sie die Lebensgrundlage bilden. Sie können dir viel Energie geben, eine positive Kraft sein, die dich antreibt, sie können dir aber auch Energie rauben und dein Leben unendlich anstrengend machen. Im Gefühlsraum nimmst du deshalb deine unterschiedlichen Gefühle wahr und öffnest dich für den Gedanken, dass zum einen alle Gefühle zu dir gehören und eine Funktion erfüllen, dass sie zum anderen aber auch nicht immer auf die gleiche Weise ausgedrückt werden müssen, und dass es Alternativen gibt, von denen du bisher nicht wusstest, dass sie dir zur Verfügung stehen.

In deinem Raum der Gefühle befindest du dich im Zentrum deines Daseins. Du kannst hier deine INNEREN ELTERN visualisieren. Mit ihnen sind nicht deine realen Eltern gemeint, sondern das Bild, das du von ihnen hast. Auch wenn das Verhältnis im Außen konfliktbehaftet und schwierig ist oder war, kann es eine große Kraftquelle sein, die Inneren Eltern hinter sich zu wissen und die Kraft zu spüren, die sie dir, ihrem Kind, durch das Leben weitergeben. Das kann auch dann geschehen, wenn ein Elternteil oder beide Elternteile bereits verstorben ist oder sind, die Eltern sich getrennt haben oder kein Kontakt mehr zu ihnen besteht. Neben deinem Inneren Vater und deiner Inneren Mutter ist dort noch eine Person, die dich freundlich anlächelt und dich mit offenen Armen willkommen heißt. Es ist dein HÖHERES SELBST, das genauso aussieht wie du. Es kennt selbst keine Vergangenheit und Zukunft und begleitet dich doch beständig. Es kennt keine Konflikte und ist doch in allen Konfliktsituationen bei dir. Es ist dein Göttliches Selbst, das verbunden ist mit der Quelle allen Lebens, der gesamten Existenz und dem, was hinter oder jenseits allen Daseins liegt. Eine große Vertrautheit liegt in eurer Begegnung, sie fühlt sich an wie ein Heimkommen – und das ist es auch, denn du befindest dich im Gefühlsraum ganz bei dir. Du kannst mit deinem Höheren Selbst sprechen, du kannst es um Rat fragen und ihm dein Herz ausschütten. Aber das Wesentliche sind der Blick, mit dem ihr euch anseht, und die Verbundenheit, die ihr im Zusammensein wahrnehmt. Die Suche hat ein Ende, du kommst zur Ruhe und spürst die Kraft und Energie, die darin liegen, für alles, was da ist und noch kommen wird. In deinem Gefühlsraum siehst du auch dein INNERES KIND vor dir: du selbst im Alter von 4 bis 8 Jahren. Du versprichst, für es da zu sein, und es erinnert dich an deine Wünsche, Träume und deine Lebendigkeit – und gemeinsam mit deinem Höheren Selbst bildet ihr eine Einheit, die zu einer großen Stärke und Kraft führt.

RAUM – STILLE

Du betrittst deinen Gefühlsraum und sagst dir beim Einatmen das Wort »Raum«. Das Erste, was dir hier auffällt, ist die absolute Stille, die herrscht. Es ist vielmehr eine eigene Qualität als eine Abwesenheit von Geräuschen, so, als wäre die Stille eine Präsenz, die dich in diesem Raum willkommen heißt. Du siehst dich um, durchmisst den Raum mit deinem Blick und lässt dich von der Stille des Raumes berühren. Wenn du dir das Wort »Raum« beim Einatmen sagst, meinst du damit nicht nur den Raum, sondern auch die Leere zwischen den Wänden und den Dingen, die sich darin befinden. Du nimmst seine Weite und Großzügigkeit wahr. Sage dir beim Ausatmen das Wort »Stille«, und lausche ihr. Du erkennst, dass sie nicht leer, sondern gefüllt ist und mit dir zu kommunizieren beginnt, je mehr du dich ihr öffnest. Du bleibst mit deiner Aufmerksamkeit beim Raum und der Stille, bis du ein Gefäß entdeckst, dem du dich nun zuwendest.

LEERES – GEFÄSS

Sage dir beim Einatmen das Wort »leeres« und beim Ausatmen das Wort »Gefäß«. Dabei siehst du es genau vor deinem inneren Auge: Es ähnelt einer großen Schale und ist aus Bronze oder einem anderen Metall. Wenn es besser für dich passt, kannst du dir auch eine Vase oder ein leeres Brunnenbecken vorstellen. Wichtig ist, dass du in das Gefäß hineinsehen kannst. Es ist immer leer. Setze dich in deiner Vorstellung vor das Gefäß, und atme ein paar Mal ein und aus, während du dir innerlich das Wortpaar »leeres – Gefäß« sagst. Du nimmst so Kontakt zu ihm auf und erkennst, dass es aus zwei Komponenten besteht: dem Aufnehmenden und dem Aufgenommenen. Das Aufnehmende, das Gefäß, bleibt immer gleich. Das Aufgenommene, die Gefühle und Gedanken, die du gleich in es legen wirst, kann ständig wechseln.

MEINE – GEFÜHLE

Nun forschst du in dir nach, welches Gefühl gerade in dir vorherrschend ist. Es kann ein angenehmes Gefühl sein, da du soeben deinen inneren Raum betreten hast und zur Ruhe gekommen bist, es kann aber auch ein unangenehmes Gefühl sein, wenn du dich emotional in eine Situation hineinversetzt, die dich in letzter Zeit belastet hat oder dich immer noch belastet. Lasse das vorherrschende Gefühl in dir aufsteigen. Dann benennst du es, zum Beispiel mit den Worten »meine Wut«, und legst es in das leere Gefäß hinein. Sage dir dabei beim Einatmen das Wort »meine« und beim Ausatmen das Wort »Wut«. Du siehst, wie das Gefühl von dem leeren Gefäß aufgenommen wird und sich darin auflöst. Dieses Vorgehen ist nicht nur für alle schmerzhaften Gefühle geeignet, sondern auch für alle schmerzhaften Gedanken. Hast du einen solchen, sagst du einfach »mein« beim Einatmen und »Gedanke« beim Ausatmen. Durch das Wort »mein(e)« erkennst du an, dass dein Gefühl oder dein Gedanke in dieser Situation zu dir gehört, dass aber ein anderer Mensch an deiner Stelle vielleicht ganz anders empfinden oder denken würde. Durch das Hineinlegen des Gefühls oder Gedankens in das leere Gefäß gibst du deiner Bereitschaft Ausdruck, loszulassen. Du kannst dies mit allen aufkommenden Gefühlen und Gedanken tun, die dich belasten – genauso gut aber natürlich auch mit den positiven Gefühlen und Gedanken, die im Augenblick einen sehr großen Raum in deinem Leben einnehmen –, um dich zu öffnen und für Neues frei zu werden.

Die nächsten drei Bildpaare gehören thematisch eng zusammen. Es geht um das weibliche und männliche Prinzip und das damit verbundene Wirken nach innen und außen. So ist es bei diesen drei Begriffspaaren auch gut möglich, die Reihenfolge der Begriffe beim Ein- und Ausatmen zu vertauschen und zu schauen, ob und wie sich die Wirkung dabei für dich ändert.

MUTTER – VATER

Stelle dir vor, wie du immer noch vor dem leeren Gefäß sitzt, nachdem du deine belastenden Gefühle und Gedanken in es hineingelegt hast. Nun visualisierst du, wie deine Inneren Eltern hinter dich treten, um dich zu unterstützen und dir ihren Segen zu geben. Wenn es dir hilft, kannst du dich auch zuerst umdrehen und deine Eltern anschauen, bevor sie sich hinter dich stellen. Sage dir beim Einatmen »Mutter« und beim Ausatmen »Vater«. Du nimmst beim Einatmen die Kraft der Mutter in dich auf, die dir die Kraft des Lebens gibt und dich in deinem Leben unterstützt, wann immer du neue Energie und Stärkung brauchst. Sie ist die Kraft, die dir hilft, auf dich selbst und deine Bedürfnisse zu achten. Beim Ausatmen spürst du die Kraft des Vaters, die dir dabei hilft, deinen Platz in der Welt zu behaupten, tätig zu werden, dir Ziele zu setzen und sie zu verfolgen. Während du im Rhythmus deines Atems von der einen Kraft zur anderen wechselst, spürst du, wie beide gleichermaßen wichtig sind und sich gegenseitig bedingen und unterstützen.

HERZSCHLAG – LÄCHELN

Sage dir beim Einatmen das Wort »Herzschlag« und beim Ausatmen das Wort »Lächeln«. Bei dieser Sequenz ordnest du dem Herzschlag das mütterliche Prinzip zu – zum einen, weil das ungeborene Kind im Mutterleib stark mit dem Herzschlag der Mutter verbunden ist, zum anderen, weil das Herz traditionell für das Nährende und Mütterliche steht. Dem Lächeln ordnest du das väterliche Prinzip zu, weil es eine Verbindung herstellt zwischen dem Inneren und dem Äußeren, zwischen dem inneren Dasein und der Tätigkeit im Außen. Gleichzeitig nimmt es die Schwere von dir und zeigt dir auf, dass es für alles eine Lösung gibt, auch wenn du sie im Moment nicht sehen kannst. Du begleitest mit deiner Aufmerksamkeit für die Dauer dieser Sequenz sowohl deinen Herzschlag als auch dein Lächeln und fühlst ihre jeweiligen Qualitäten als mütterliches und väterliches Prinzip. Wenn du möchtest, kannst du währenddessen auch eine Hand auf dein Herz legen.

DASEIN – TÄTIGKEIT

Nun geht es um das Verhältnis von innerem Sein und dem Wirken im Außen. Sage dir beim Einatmen das Wort »Dasein«, und spüre deine reine Präsenz, die sich selbst genügende Existenz, die Freude am Dasein, ohne etwas tun zu müssen. Diese reine Präsenz ist dem mütterlichen Prinzip zugeordnet. Sage dir beim Ausatmen das Wort »Tätigkeit«, und sieh dein Wirken in der Welt, dein Tun und Handeln im Außen, vor deinem inneren Auge. So, wie der Atem durch dich hindurchströmt und dich beständig mit der Außenwelt verbindet, so schafft auch dein Handeln eine Verbindung von deinem Inneren zum Außen. Fühle, wie dein Körper durch den Rhythmus deines Atems in eine vollkommene Harmonie von väterlichem und mütterlichem Prinzip, von Tätigkeit und Dasein kommt.

Die nächsten fünf Begriffspaare gehören – wie die vorherigen drei – wiederum zusammen und bilden eine Sequenz. Bei dieser geht es um die Vorstellung, dass nicht nur du selbst dein Sein ausmachst, sondern auch dein Inneres Kind und dein Höheres Selbst zu dir gehören. Dein Inneres Kind lebt in dir und hat die Gestalt deines kindlichen Ichs. Das Höhere Selbst ist dein Wesenskern, bist du selbst ohne deine Vergangenheit, ohne deine Geschichten, ohne deine Vorstellungen von dir und deinem Leben, ohne die Zukunft, die du dir vorstellst. Dein Höheres Selbst bist du in deiner reinsten Form.

HÖHERES – SELBST

Du sagst dir beim Einatmen das Wort »Höheres« oder »Göttliches« und beim Ausatmen das Wort »Selbst«. Dabei stellst du dir vor, wie dein Blick sich auf dein Höheres Selbst richtet. Du siehst dich selbst vollkommen im Einklang mit dir, losgelöst von Vergangenheit und Zukunft, von Konflikten und Geschichten, ohne Vorlieben und Interessen, ohne all das, was du gemeinhin als deine »Identität« bezeichnest. Dein Höheres Selbst bist du in deiner reinsten Form, das, was dich im Kern ausmacht. Dadurch, dass das Höhere Selbst keine Geschichte hat und keine Konflikte kennt, kann es dich in schwierigen Situationen deines Lebens unterstützen und beraten. Du siehst den liebenden, wohlwollenden Blick, mit dem dich dein Höheres Selbst betrachtet, und du weißt, dass es immer und in jeder Lebenslage für dich da ist. Allein seine Gegenwart hilft dir, dich in deinem Leben zurechtzufinden.

DU BIST – FÜR MICH DA

Du weißt, dass dein Höheres Selbst immer für dich da ist. Verleihe diesem Wissen Ausdruck, indem du beim Einatmen die Worte »du bist« sagst und beim Ausatmen »(immer) für mich da«. Dabei hältst du den Blickkontakt mit deinem Höheren, göttlichen Selbst aufrecht und nimmst den beständigen Energiefluss, der zwischen euch herrscht, in dich auf. Werde dir bewusst, dass du dein Höheres Selbst immer um Rat fragen kannst, dass es dich auch in schwierigen Situationen begleitet. Spüre, dass es frei von Zielen, Absichten und Wünschen ist und deine reine, vollkommene Präsenz verkörpert. Wenn du möchtest, kannst du dir auch vorstellen, wie dein Höheres Selbst zu dir sagt: »ich bin« (beim Einatmen) – »(immer) für dich da« (beim Ausatmen). Blicke ihm dabei tief in die Augen, und bleibe so lange bei ihm, wie du möchtest.

INNERES – KIND

Nun siehst du dein Inneres Kind vor dir stehen. In ihm sind deine Gefühle aus der Kindheit gespeichert: Freude, Spaß am Leben, Neugier und Entdeckerlust, aber auch Einsamkeit, Verlassenheit, Traurigkeit, Wut und Enttäuschung. Wenn du es ansiehst, weißt du sogleich, wie alt es ist. Du gehst auf das Kind zu und nimmst es in die Arme. Sage dir beim Einatmen »Inneres« und beim Ausatmen »Kind«, und halte es fest im Arm, im Rhythmus deines Atems. Wichtig ist, dass du dein Inneres Kind so annimmst, wie es sich dir zeigt: Ist es fröhlich und voller

Lebenslust, freust du dich mit ihm – ist es traurig und niedergeschlagen, darf es dies bei dir ebenso sein, und du tröstest es und akzeptierst es so, wie es ist. Während du dein Inneres Kind in deiner Vorstellung im Arm hältst, merkst du, wie es sich entspannt und dir immer mehr vertraut. Du spürst die gute Verbindung zwischen euch.

ICH BIN – FÜR DICH DA

Du weißt intuitiv, wie wichtig dein Inneres Kind für dich selbst ist, aber auch, wie wichtig du für dein Inneres Kind bist, denn du sorgst dafür, dass es sich wohl- und wahrgenommen fühlt. In deiner Gegenwart kann es seine Bedürfnisse und seine Gefühle zum Ausdruck bringen und weiß sich geborgen. So sage beim Einatmen zu deinem Inneren Kind die Worte »ich bin« und beim Ausatmen »für dich da«. Gleichzeitig weißt du aber auch, dass das Innere Kind ebenso wichtig für dich selbst ist, für dein erwachsenes Ich, weil es dich an deine Wünsche, Träume und Ideen aus deiner Kindheit erinnert. Es verkörpert die pure Lebensfreude und den spielerischen, leichten und freudigen Umgang mit dem Leben. Du kannst dich in dieses Kind hineinversetzen und es zu dir sagen lassen: »du bist« (beim Einatmen) und »für mich da« (beim Ausatmen). Du spürst, dass es sich bei deinem erwachsenen Ich und deinem Inneren Kind um denselben Menschen handelt. Bleibe bei deinem Inneren Kind, so lange du möchtest.

WIR DREI – EIN LEBEN

Stelle dir nun vor deinem inneren Auge vor, wie du auf dein Höheres Selbst und dein Inneres Kind gleichzeitig zugehst und ihr euch alle drei umarmt. Dabei merkst du, wie der Energiestrom von deinem Höheren Selbst zu dir fließt, von dir weiter zu deinem Inneren Kind und wieder zurück zu dir. Sage dir beim Einatmen die Worte »wir drei« und beim Ausatmen »ein Leben« oder – wenn das besser für dich passt – »mein Leben«. Damit erkennst du an, dass dir für dein Leben sowohl die Weisheit deines Höheren Selbst zur Verfügung steht als auch die Lebensfreude und Unbefangenheit deines Inneren Kindes. Du weißt, dass du für dein Inneres Kind da bist und es bei dir zu Hause sein kann, genauso, wie dein Höheres Selbst in jeder Lebenslage für dich da ist und dich unterstützt. In der Umarmung mit beiden fühlst du die Kraft, die aus dieser Verbindung erwächst, und nimmst sie in dich auf.

WESENTLICHES – UNWESENTLICHES

Wende dich zum Abschluss wieder dem leeren Gefäß zu. Dein Höheres Selbst und dein Inneres Kind nehmen neben dir Platz, deine Inneren Eltern stehen hinter dir, und vor dir befindet sich die Schale, in die du all deine Gefühle und Gedanken gelegt hast. Betrachte nun deine Lebenssituation, und trenne das Wesentliche vom Unwesentlichen. Sage dir dazu beim Einatmen das Wort »Wesentliches«. Dir wird gleichzeitig bewusst, was dazugehört: Die Existenz deiner Familie – deines Partners, deiner Eltern und Kinder – und die deiner Freunde, deines Arbeitsplatzes, deiner Wohnung … die Existenz dessen, WAS deine Lebenssituation im Wesentlichen ausmacht. Beim Ausatmen sage dir das Wort »Unwesentliches«, und erkenne an, dass das WIE zum Unwesentlichen gehört: Wie dein Partner ist, wie deine Kinder sind, deine Eltern und deine Freunde, wie deine Wohnung und deine Arbeitsstelle sind, ist unwesentlich im Vergleich zu der Tatsache, dass sie da sind, dass es sie gibt. Spüre die Dankbarkeit, die in dir aufsteigt.

DANKBARKEIT – KRAFT

Nimm dieses Gefühl der Dankbarkeit bewusst in dir auf, indem du beim Einatmen das Wort »Dankbarkeit« sagst. Dabei lässt du alles in deinen Sinn kommen, wofür du dankbar bist. Zu Beginn werden es bestimmt die großen Eckpunkte deines Lebens sein, aber nach und nach werden dir wahrscheinlich auch kleinere, scheinbar selbstverständliche Dinge bewusst, für die du Dankbarkeit empfindest. Je mehr Dinge dir einfallen, desto größer wird das Gefühl der Fülle und des Überflusses, das dich in deinem Gefühlsraum umgibt. Sage dir beim Ausatmen das Wort »Kraft«, und visualisiere dabei die Kraft, die durch die Dankbarkeit in dich und dein Leben strömt. Du erkennst aber auch die Energie, die in deinem Leben wirkt und die in allem Lebendigen fließt. Auch auf diese Kraft kann sich deine Dankbarkeit ausdehnen, sodass sich beide wechselseitig durchdringen. Sie bilden den Abschluss deines Aufenthalts im Gefühlsraum.

AUFSTEHEN – GEHEN

Wenn du bereit bist, diesen Raum zu verlassen, sage dir beim Einatmen das Wort »aufstehen« und beim Ausatmen das Wort »gehen«. Wenn du den nächsten Raum betreten willst, bietet sich als Alternative auch das Wortpaar »Raum – Wechsel« an. Verabschiede dich innerlich von diesem Raum, und stelle dir vor, wie du dich aufmachst, ihn zu verlassen.

Gehe nun weiter zum nächsten Raum, gehe über zum Ausklang (siehe S. 101), oder komme in deinem Rhythmus zurück ins Hier und Jetzt.

Der zweite Raum:
Der Klärungsraum

Der zweite Raum dient der Klärung von Konflikten und Situationen, die dich belasten. Vielleicht denkst du direkt an eine Person, mit der du Schwierigkeiten hast. Dabei ist es nicht von Bedeutung, wie lange die Schwierigkeiten bereits bestehen, wie belastend sie für dich sind und ob es sich um eine Person aus deinem familiären Umfeld, aus deinem Freundes- und Bekanntenkreis oder aus deinem Arbeitsumfeld handelt. Unabhängig davon, ob es sich um eine kleine momentane Unstimmigkeit oder einen seit Jahren währenden Streit handelt, stellst du dir die Person vor deinem inneren Auge vor und vollziehst ein kleines Klärungsritual mit ihr, das eine große Wirkung entfalten kann. Es bewirkt zunächst eine Veränderung im Inneren, wodurch es dann auch zu einer Veränderung im Außen kommt. Du wirst dich sofort leichter fühlen. Dies geschieht vorrangig durch die Arbeit mit deinen sieben Hauptenergiezentren, den sogenannten Chakras, und einem veränderten Blick auf dein Gegenüber.

Du kannst in diesem Raum aber genauso gut auch eine herausfordernde Situation oder ein belastendes Ereignis klären, wie einen Unfall, die Krankheit eines dir nahestehenden Menschen, einen Rechtsstreit, eine bevorstehende Prüfung oder ein schwieriges Gespräch. In diesem Fall visualisierst du die Person, die eine zentrale Bedeutung für die bestimmte Situation oder das betreffende Ereignis hat. Bei einem Unfall wäre das wahrscheinlich der Unfallgegner, bei einem Rechtsstreit der Vertreter der gegnerischen Partei, bei einer Prüfung der Prüfende. Vielleicht stehst du auch in einem Konflikt mit dir selbst, beispielsweise, weil dir eine Eigenschaft oder eine bestimmte Verhaltensweise Schwierigkeiten bereitet. In diesem Fall visualisierst du dir gegenüber dich mit der konfliktträchtigen Eigenschaft oder Verhaltensweise, während du dich selbst ohne diese wahrnimmst.

Das Besondere an der nun folgenden Arbeit im Klärungsraum ist die Tatsache, dass nicht der Konflikt oder die belastende Situation thematisiert werden, sondern die Beziehung zu deinem Gegenüber (oder dir selbst) geklärt und bereinigt wird, sodass sich der Konflikt oder das Belastende an der Situation oder dem Ereignis auflösen kann.

RAUM – LEERE

Du betrittst nun deinen Klärungsraum und siehst dich zunächst um. Beim Einatmen sagst du dir – wie auch beim Gefühlsraum – das Wort »Raum« und meinst damit nicht nur den Raum, sondern auch die Leere zwischen den Wänden und den zwei Stühlen, die die einzigen Objekte hier sind. Sage dir beim Ausatmen das Wort »Leere«. Sie ist vielmehr eine eigene Qualität als eine Abwesenheit von Gegenständen, so, als wäre die Leere eine Präsenz, die du ganz bewusst wahrnehmen kannst und die dem Raum eine besondere Atmosphäre verleiht. Du siehst dich um, durchmisst den Raum mit deinem Blick und würdigst somit die Leere. Ihre Qualität hilft dir, dich zu öffnen und dich auf das Wesentliche zu konzentrieren. Du bleibst mit deiner Aufmerksamkeit beim Raum und seiner Leere, bis dein Fokus ganz von selbst zu den beiden Stühlen wandert, die in seiner Mitte stehen.

ZWEI – STÜHLE

Sage dir beim Einatmen das Wort »zwei« und beim Ausatmen das Wort »Stühle«, und betrachte sie, während du gleichmäßig weiter atmest. Sie stehen genau im Zentrum des Raumes und sind einander zugewandt. Sieh sie so konkret wie möglich vor deinem inneren Auge. Du kannst sie in deiner Vorstellung auch berühren und ihre Haptik wahrnehmen. Wie fühlen sie sich an? Aus welchem Material sind sie beschaffen? Wie sehen sie genau aus? Dabei kommst du immer mehr in diesem Raum an und stellst dich im Rhythmus deines Atems auf ihn und die beiden Stühle ein. Gehe einige Male um sie herum, um dich dadurch auf die folgende Klärungssequenz vorzubereiten. Wenn du so weit bist, stelle dir vor, wie du dich selbst auf einen der beiden Stühle setzt. Verweile hier, so lange du möchtest, und wechsle beim Ein- und Ausatmen zwischen den Wortpaaren »Raum – Leere« und »zwei – Stühle«.

MEIN – NAME

Sage nun beim Einatmen deinen Vornamen und beim Ausatmen deinen Nachnamen. Das Wortpaar »mein – Name« dient hier lediglich als Platzhalter. Spüre in deinen Körper hinein, während du beim Weiteratmen immer wieder deinen Namen wiederholst – deinen Vornamen beim Einatmen, deinen Nachnamen beim Ausatmen. Es ist wichtig, deinen ganzen Namen zu sagen, denn du bist hier als dein irdisches Ich mit all seinen Verstrickungen und Konflikten. Es handelt sich nicht um dein Höheres Selbst. Während du deinen Namen im Rhythmus des Atmens sagst, spürst du, wie es dir geht und wie sich dein Körper anfühlt. Fühlt er sich schwer oder leicht an? Kannst du irgendwo Anspannung oder Verspannungen wahrnehmen? Wenn du das Gefühl hast, dass du dich gut in den Raum und deinen Namen eingeatmet hast, wechsle zum nächsten Wortpaar.

DEIN – NAME

Als nächstes stellst du dir auf dem Stuhl dir gegenüber diejenige Person vor, mit der du etwas klären möchtest oder die eine zentrale Rolle in deiner Situation einnimmt. Stelle sie dir so genau wie möglich vor. Sieh vor deinem inneren Auge ihre Körperhaltung, ihre Kleidung, ihr Gesicht, und visualisiere, wie die Person dich ansieht. Wenn du ihren vollen Namen kennst, sage dir innerlich ihren Vornamen beim Einatmen und ihren Nachnamen beim Ausatmen. Es ist aber auch möglich, deinen eigenen Vornamen beim Einatmen und den Vornamen der anderen Person beim Ausatmen zu nennen. Wenn du den Namen der Person nicht kennst, sagst du dir beim Einatmen einfach nur das Wort »Ich« und beim Ausatmen das Wort »Du«. Und solltest du dir vorstellen, wie du dir selbst mit einer Eigenschaft oder Verhaltensweise gegenübersitzt, die du nicht magst (beispielsweise Ängstlichkeit), dann sagst du beim Einatmen das Wort »Ich« und beim Ausatmen das Wort »Ich« sowie die betreffende Eigenschaft (zum Beispiel »Ich ängstlich«). Noch wirkungsvoller ist es in diesem Fall, zusätzlich beim Einatmen das Wort »Ich« und die gewünschte Eigenschaft zu nennen (so hieße das Wortpaar beispielsweise »Ich mutig – Ich ängstlich«). Nach einer Weile kannst du auch zwischen deinem Namen und dem deines Gegenübers hin- und herwechseln, d. h., du sagst dir bei einem Atemzug deinen Namen und beim nächsten Atemzug den Namen deines Gegenübers.

ICH BIN – GESCHÜTZT

Fühle mit deiner vollen Aufmerksamkeit in deinen Körper hinein, und spüre, wie du in deinem Klärungsraum auf einem der beiden Stühle sitzt. Nun nimmst du wahr, wie der Stuhl, auf dem du sitzt, wie von Zauberhand zu leuchten beginnt. Er erstrahlt in einem hellen Weiß, das immer mehr an Intensität und Strahlkraft gewinnt. Dadurch verstärkt sich zum einen die Energie in deinem Klärungsraum, zum anderen fühlst du aber auch, wie dir der Stuhl durch sein Leuchten eine Art unsichtbaren Schutz verleiht. Sein Licht hat eine beruhigende, wohltuende und entspannende Wirkung auf dich. Beim Einatmen sagst du dir die Worte »Ich bin« und beim Ausatmen das Wort »geschützt«. Du spürst, wie dein Stuhl dich trägt, und du fühlst die beschützende Kraft, die von seinem Licht ausgeht. Spüre beides so bewusst wie möglich. Verweile mit deinem Atem und deiner Aufmerksamkeit bei dem Leuchten des Stuhls, so lange du möchtest.

DU BIST – GESCHÜTZT

So beschützt von diesem Licht, betrachtest du jetzt dein Gegenüber und siehst, wie sein Stuhl ebenfalls zu leuchten beginnt. Die Intensität dieses Leuchtens nimmt nach und nach zu, und du erkennst, dass es sich um ein Schutzlicht handelt. Du sagst dir beim Einatmen die Worte »Du bist« und beim Ausatmen das Wort »geschützt«. Am Gesichtsausdruck und der Körperhaltung der anderen Person kannst du die beschützende, entspannende und wohltuende Wirkung des Leuchtens erkennen. Dein eigenes Licht übt genau dieselbe Wirkung auf dich aus.

WIR SIND – GESCHÜTZT

Nun nimmst du gleichzeitig das Licht unter dir und das Licht unter deinem Gegenüber wahr und sagst dir beim Einatmen die Worte »Wir sind« und beim Ausatmen das Wort »geschützt«. Dabei kannst du spüren, wie sich die wohltuende, beschützende Wirkung des Lichts noch einmal verstärkt, allein durch die Tatsache, dass du nun beide leuchtenden Stühle gleichzeitig ins Zentrum deiner Aufmerksamkeit rückst. Du merkst dabei auch, dass nicht nur jeder Einzelne von euch beiden geschützt ist, sondern dass das Licht euch gemeinsam in dem nun folgenden Klärungsprozess schützt. Trotz allem, was dich von deinem Gegenüber in diesem Augenblick zu trennen scheint, vereint euch nun zumindest die Tatsache, dass ihr beide vom Licht der zwei leuchtenden Stühle beschützt seid.

Du gehst nun Schritt für Schritt durch die Energiezentren deines Körpers, die sogenannten Chakras, und visualisierst dort jeweils ein farbiges Licht. Gleichzeitig vergegenwärtigst du dir beim Ein- und Ausatmen die Qualität und Energie des jeweiligen Chakras. Bei deinem Gegenüber tust du genau dasselbe und machst dir auf diese Weise die Eigenständigkeit und die Gleichwertigkeit eurer Persönlichkeiten bewusst.

ICH BIN / DU BIST – VERWURZELT

Gehe mit deiner Aufmerksamkeit in dein Becken. Sage dir beim Einatmen die Worte »Ich bin« und beim Ausatmen das Wort »verwurzelt«. Du siehst dabei vor deinem inneren Auge, wie dein Becken, ausgehend vom Beckenboden, in einem satten, strahlenden Rot zu leuchten beginnt. Das Wurzelchakra, das im Beckenboden seinen Sitz hat und dem die Farbe Rot zugeordnet ist, sorgt für einen sicheren Stand und einen festen Platz im Leben. Atme ein paar Mal ein und aus, während du dir die Worte »Ich bin« beim Einatmen und das Wort »verwurzelt« beim Ausatmen sagst. Dann richtest du deine Aufmerksamkeit auf dein Gegenüber und siehst auch bei ihm im Beckenbereich das leuchtende rote Licht. Jetzt sagst du dir beim Einatmen die Worte »Du bist« und beim Ausatmen das Wort »verwurzelt«. Wenn du dies ein paar Mal gemacht hast, kannst du auch zwischen dir und deinem Gegenüber abwechseln. Du nimmst dabei dein Verwurzelt-Sein im Leben wahr und das deines Gegenübers ebenfalls.

ICH BIN / DU BIST – SCHÖPFERISCH

Nun wanderst du mit deiner Aufmerksamkeit in deinem Körper etwas höher, in den Bereich unterhalb des Bauchnabels. Beim Einatmen sagst du dir die Worte »Ich bin«, beim Ausatmen das Wort »schöpferisch«. Alternativ dazu kannst du auch das Wort »lebendig« verwenden. Der Bereich unterhalb deines Bauchnabels, das sogenannte Sakralchakra, ist der Sitz der Lebenslust, Lebendigkeit, schöpferischen Kraft und Kreativität. Sieh vor deinem inneren Auge, wie sich dort ein helles, leuchtendes orangefarbenes Licht ausbreitet. Gleiches kannst du nach ein paar Atemzügen auch bei deinem Gegenüber wahrnehmen. Sage nun beim Einatmen die Worte »Du bist« und beim Ausatmen das Wort »schöpferisch« oder »lebendig«. Dadurch bringst du zum Ausdruck, dass jeder von euch beiden schöpferisch tätig ist bzw. eine große Lebendigkeit in sich trägt und einen wesentlichen Beitrag zur Erschaffung der eigenen Realität leistet. Auch hier kannst du nach einer Weile im Rhythmus deines Atems zwischen der Wahrnehmung des eigenen orangefarbenen Lichts und des Lichts deines Gegenübers abwechseln.

ICH BIN / DU BIST – GLÜCKLICH

Gehe mit deiner Aufmerksamkeit nun in den oberen Bauchbereich, zwischen den Solarplexus und den Bauchnabel. Dort sitzt das Zentrum der Gefühle, des Glücks und der emotionalen Intuition, das sogenannte Sonnenchakra. Du visualisierst in diesem Bereich ein leuchtendes Gelb, durch das sich die Sonnen- und Lebensenergie ausdrücken. Sage dir beim Einatmen die Worte »Ich bin« und beim Ausatmen das Wort »glücklich«. Du atmest ein paar Mal in dein Sonnenchakra hinein, bevor du dich in Gedanken wieder deinem Gegenüber zuwendest und auch bei diesem das leuchtende gelbe Licht wahrnimmst, das von seinem Sonnenchakra ausströmt. Nun sagst du beim Einatmen die Worte »Du bist« und beim Ausatmen das Wort »glücklich«. Damit erkennst du an, dass dein inneres Wesen genauso wie das deines Gegenübers aus Glück besteht und dass euer beider Glück in keiner Weise in einem Konkurrenzverhältnis zueinanderstehen. Dann wechsle wieder zwischen der Wahrnehmung deines eigenen Glückszentrums und demjenigen deines Gegenübers hin und her.

ICH BIN / DU BIST – LIEBEVOLL

Nun kommst du mit deiner Aufmerksamkeit in deinem Brustraum an. Dort nimmst du ein leuchtendes, angenehmes Grün in der Mitte deiner Brust wahr, das leicht schimmert und mit hellen rosafarbenen Tönen durchsetzt ist. Es ist das Zentrum der Liebe, das sogenannte Herzchakra. Du sagst dir beim Einatmen die Worte »Ich bin« und beim Ausatmen das Wort »liebevoll«. Mit jedem Atemzug siehst du, wie dein Herzbereich heller leuchtet und sich immer weiter öffnet. Nach ein paar Atemzügen nimmst du wieder dein Gegenüber wahr. Dort kannst du in seinem Brustbereich ebenfalls das leuchtend grüne, ins Rosafarbene spielende Licht sehen. Du sagst nun beim Einatmen die Worte »Du bist« und beim Ausatmen weiterhin das Wort »liebevoll«. Mit diesem Wort ist nicht das aktuelle Verhalten in der Außenwelt gemeint, sondern die Tatsache, dass ihr beide eurem Wesen nach voller Liebe seid. Insofern ist es auch gut möglich, das Wort »liebevoll« durch die Worte »voller Liebe« zu ersetzen. Wechsle auch hier wieder zwischen deinem Gegenüber und dir selbst hin und her.

ICH BIN / DU BIST – KLAR

Als nächstes gehst du mit deiner Aufmerksamkeit in den Bereich deines Halses, zu deinem Kehlkopf. Hier liegt das Zentrum der Kommunikation und des authentischen Selbstausdrucks. Dem sogenannten Kehlkopfchakra ist die Farbe Blau zugeordnet. Visualisiere eine himmelblaue Farbe, leuchtend und kraftvoll, im Bereich deines Kehlkopfs. Beim Einatmen sagst du die Worte »Ich bin« und beim Ausatmen das Wort »klar«. Damit stellst du fest, dass du deine Bedürfnisse und deine Wahrheit immer klar zum Ausdruck bringen willst. Nach ein paar Atemzügen richtest du deine Aufmerksamkeit auf dein Gegenüber und siehst auch bei ihm die leuchtend blaue Farbe in seinem Halsbereich. Beim Einatmen sagst du nun »Du bist« und beim Ausatmen wiederum »klar«. Damit erkennst du auch die Bedürfnisse und die Wahrheit deines Gegenübers an. Du kannst anschließend wieder zwischen dir und deinem Gegenüber wechseln.

ICH BIN / DU BIST – WISSEND

Nun wanderst du mit deiner Aufmerksamkeit zu deinem Dritten Auge, leicht erhöht zwischen deinen Augenbrauen. Dort, im sogenannten Stirnchakra, liegt das Zentrum der gedanklichen Intuition, der Inspiration, der Hellsicht, das Zentrum des Geistes. Du siehst ein tiefes indigoblaues Licht, das sich in diesem Bereich ausbreitet, und sagst dir beim Einatmen die Worte »Ich bin« und beim Ausatmen das Wort »wissend«. Bei jedem Atemzug nimmst du wahr, wie das Licht stärker und heller wird. Nach ein paar Atemzügen schaust du in deiner Vorstellung wieder die Person an, die dir gegenüber sitzt, und nimmst auch bei ihr das strahlende indigoblaue Licht wahr. Du sagst beim Einatmen die Worte »Du bist« und beim Ausatmen das Wort »wissend«. Nach einigen Atemzügen, die du mit deiner Aufmerksamkeit ganz bei deinem Gegenüber verbringst, kannst du wieder zwischen euch beiden hin und her wechseln.

ICH BIN / DU BIST – GANZ

Nun kommst du zum siebten und letzten Hauptenergiezentrum, dem sogenannten Kronen- oder Scheitelchakra. Hier ist der Sitz des Bewusstseins, dass alles mit allem verbunden ist. Es ist das Zentrum der Ganzheit und Einheit, der universalen Intelligenz. Sage dir beim Einatmen die Worte »Ich bin« und beim Ausatmen das Wort »ganz«. Beim Atmen konzentrierst du dich auf den höchsten Punkt deines Kopfes und stellst dir vor, wie dort ein zartes hellviolettes Licht zu leuchten beginnt. Hier verweilst du wieder einige Atemzüge mit deiner vollen Aufmerksamkeit, bevor du erneut dein Gegenüber betrachtest und siehst, wie auch dort – an der höchsten Stelle seines Kopfes – das zartviolette Licht erstrahlt. Sage nun die Worte »Du bist« beim Einatmen und das Wort »ganz« beim Ausatmen. Wenn du nach ein paar Atemzügen wieder zwischen euch beiden abwechselst, erkennst du damit an, dass ihr beide immer ganz und unversehrt seid, unabhängig davon, was im Außen geschehen ist oder geschieht.

Nachdem du dir die Eigenständigkeit und Gleichwertig-keit eurer beiden Persönlichkeiten bewusst gemacht hast, folgt nun der Höhepunkt und Abschluss des Klärungsprozesses. Der gesamte Klärungsprozess funktioniert insofern ohne Aussprache, als dass es nur darauf ankommt, den anderen als gleich-wertige Persönlichkeit wahrzunehmen und wertzuschätzen.

ICH BIN / DU BIST – UMHÜLLT

Du nimmst wahr, wie das hellviolette Licht deines Kronen-chakras langsam weiß wird und wie das Licht an beiden Sei-ten deines Körpers hinunterfließt. Sage dir beim Einatmen die Worte »Ich bin« und beim Ausatmen das Wort »umhüllt«. Beim Ausatmen stellst du dir vor, wie sich das strahlend weiße Licht unter deinen Füßen kreuzt und wieder nach oben fließt. So verweilst du ein paar Atemzüge bei dem fließenden weißen Licht und dem Gefühl, ganz und gar von diesem Licht umhüllt zu sein. Dann siehst du hinüber zu deinem Gegenüber und nimmst wahr, wie dort dasselbe geschieht. Du sagst dann beim Einatmen die Worte »Du bist« und beim Ausatmen das Wort »umhüllt«, während du nach wie vor die fließende Bewegung des Lichts um deinen Körper herum spürst. Auch jetzt kannst du wieder zwischen dir und deinem Gegenüber abwechseln.

WIR SIND – UMHÜLLT

Zusätzlich zu den beiden weißen Lichtströmen zu deinen Seiten stellst du dir vor, wie das Licht aus deinem Kronenchakra nun auch nach vorn fließt – und zwar in einem weiten Bogen über dein Gegenüber hinweg, hinter dessen Rücken herum, unter euren beiden Stühlen hindurch und hinter deinem Rücken wieder zurück zu deinem Scheitelpunkt. So seid ihr beide in einen Lichtkreis eingehüllt. Du sagst dir beim Einatmen die Worte »Wir sind« und beim Ausatmen das Wort »umhüllt«. Im Rhythmus deines Atems visualisierst du, dass das Licht beim Einatmen über dein Gegenüber hinweg zu Boden fließt und beim Ausatmen wieder zu dir zurückkommt. Wenn du möchtest, kannst du dir zusätzlich vorstellen, wie bei deinem Gegenüber das Gleiche passiert und sein Licht auch dich umhüllt, sodass zwei Lichtkreise zu einem werden. Ebenso gut möglich ist es, sich vorzustellen, wie das leuchtende, strahlende Licht in Form einer Acht um euch herumfließt. Dazu visualisierst du, dass das Licht aus deinem Scheitelpunkt vor dir zu Boden fließt, unter dem Stuhl und hinter dem Rücken deines Gegenübers zurück zu dessen Kronenchakra, von dort aus zu deinen Füßen und hinter deinem Rücken wieder hinauf zu deinem Scheitelpunkt. Probiere einfach aus, was du am leichtesten visualisieren kannst und was für dich am stimmigsten ist.

ICH SEHE – DICH

Richte in diesem Lichtkreis, dessen Bewegung nun langsam zur Ruhe kommt, deine Aufmerksamkeit ganz bewusst auf dein Gegenüber, und sieh ihm in die Augen. Du spürst den freundlichen, offenen, klaren Blick der anderen Person und freust dich darüber. Du nimmst die Eigenständigkeit eurer Persönlichkeiten wahr, aber gleichzeitig auch eure Verbundenheit durch das strahlende Licht, das euch umhüllt. Du sagst beim Einatmen die Worte »Ich sehe« und beim Ausatmen das Wort »dich«. Damit meinst du nicht nur, dass du momentan die andere Person ansiehst, sondern vielmehr, dass du sie als gleichwertiges Gegenüber wahrnimmst, achtest und wertschätzt. Du betrachtest dieses Den-anderen-Sehen gewissermaßen als Geschenk, das du ihm nun – im Rhythmus deines Atems – machst. Bleibe dabei so lange, bis es für dich Zeit ist für den nächsten Schritt.

DU SIEHST – MICH

Jetzt sieht dein Gegenüber dich an. Du erkennst sein Wohlwollen und die Wertschätzung für dich in seinem Blick – ein Wohlwollen, eine Akzeptanz und eine Wertschätzung, die du möglicherweise bis dahin noch nicht von ihm wahrgenommen hast. Du freust dich darüber und sagst beim Einatmen die Worte »Du siehst« und beim Ausatmen das Wort »mich«. Du hast den Eindruck, dass die andere Person dich nun so sieht, wie du wirklich bist. Du fühlst dich verstanden, angenommen und wertgeschätzt. So kannst du dich tief entspannen und diesen Moment genießen, in dem du dich wahrhaftig von deinem Gegenüber gesehen fühlst. Bleibe dabei, so lange du dieses Gefühl auskosten möchtest.

WIR SEHEN – UNS

Als nächstes fühlst du noch einmal ganz bewusst die Gemeinsamkeit, die sich insbesondere in dem euch beide umhüllenden weißen Lichtkreis zeigt, und sagst dir beim Einatmen die Worte »Wir sehen« und beim Ausatmen das Wort »uns«. Du siehst in die Augen deines Gegenübers und nimmst wahr, wie sein wohlwollender Blick auf dir ruht. Während du die andere Person ansiehst und sie dich, gewinnst du den Eindruck, dass in diesem wechselseitigen Blick etwas Neues entsteht. Es ist einerlei, um was es sich dabei handelt – um eine neue Form des Verständnisses oder der Zusammenarbeit oder etwas ganz anderes –, entscheidend ist nur, dass du die Veränderung wahrnimmst, die durch das Sich-gegenseitig-Sehen entsteht. Wenn du diese Veränderung wahrgenommen hast, kannst du zum nächsten Wortpaar wechseln.

ICH DANKE – DIR

Sage dir beim Einatmen die Worte »Ich danke« und beim Ausatmen das Wort »dir«. Mit diesen Worten dankst du der anderen Person dafür, dass sie existiert und du durch die Begegnung mit ihr die Lernerfahrungen machen konntest und kannst, die für dich notwendig und gut sind. Du drückst aber auch deinen Dank für den soeben durchlaufenen Klärungsprozess aus und dankst dafür, dass ihr euch nun in einem anderen Licht seht. Während du beim Ein- und Ausatmen die Worte sprichst, nimm noch einmal bewusst die Person wahr, wie sie dir gegenüber auf ihrem Stuhl sitzt und dich ansieht. Möglicherweise kannst du die Veränderungen in Blick, Körperhaltung und Ausstrahlung feststellen.

ICH LASSE – DICH

Zum Abschluss verabschiedest du dich von der anderen Person, indem du sie bewusst aus deinem Klärungsraum entlässt. Sage beim Einatmen die Worte »Ich lasse« und beim Ausatmen das Wort »dich«. Das impliziert zum einen, dass du die Person nun wieder loslässt, zum anderen aber auch, dass du sie von nun an so sein lässt, wie sie ist. Gleichzeitig siehst du vor deinem inneren Auge, wie sich die Person ebenfalls von dir verabschiedet – möglicherweise indem sie dir freundlich zulächelt – und dann aus deinem Klärungsraum verschwindet, indem sie immer durchsichtiger wird und sich irgendwann in Luft auflöst. Durch das bewusste Verabschieden deines Gegenübers erkennst du an, dass ihr beide für euch selbst verantwortlich seid und dass du die andere Person nur für einen notwendigen Klärungsprozess zu dir in den Klärungsraum eingeladen hast.

ES IST – GEKLÄRT

Nun sitzt du noch eine Weile allein in deinem Raum und blickst auf den leeren Stuhl dir gegenüber. Du nimmst den leeren Raum wahr, genießt das Alleinsein, spürst aber auch die Veränderung, die sich soeben zwischen euch beiden – und insbesondere in dir selbst – vollzogen hat. Du nimmst sehr deutlich deine veränderte Einstellung zu der anderen Person wahr, während du dir beim Einatmen die Worte »Es ist« und beim Ausatmen das Wort »geklärt« sagst. Es reicht aus, die Worte ein einziges Mal zu sprechen, um damit den Klärungsprozess abzuschließen. Wenn es sich für dich gut anfühlt, kannst du sie aber auch mehrmals wiederholen. Wenn du möchtest, kannst du nun noch beim Einatmen die Worte »Ich habe« und beim Ausatmen das Wort »gelernt« sagen. Alles, was geschieht, ist dazu da, dass du durch es etwas lernen und daran wachsen kannst. Es ist auch gut möglich, zwischen den Wortpaaren »Es ist – geklärt« und »Ich habe – gelernt« abzuwechseln.

AUFSTEHEN – GEHEN

Wenn du bereit bist, diesen Raum zu verlassen, sage dir beim Einatmen das Wort »aufstehen« und beim Ausatmen das Wort »gehen«. Wenn du den nächsten Raum betreten willst, bietet sich als Alternative auch das Wortpaar »Raum – Wechsel« an. Verabschiede dich innerlich von diesem Raum, und stelle dir vor, wie du dich aufmachst, ihn zu verlassen.

Gehe nun weiter zum nächsten Raum, gehe über zum Ausklang (siehe S. 101), oder komme in deinem Rhythmus zurück ins Hier und Jetzt.

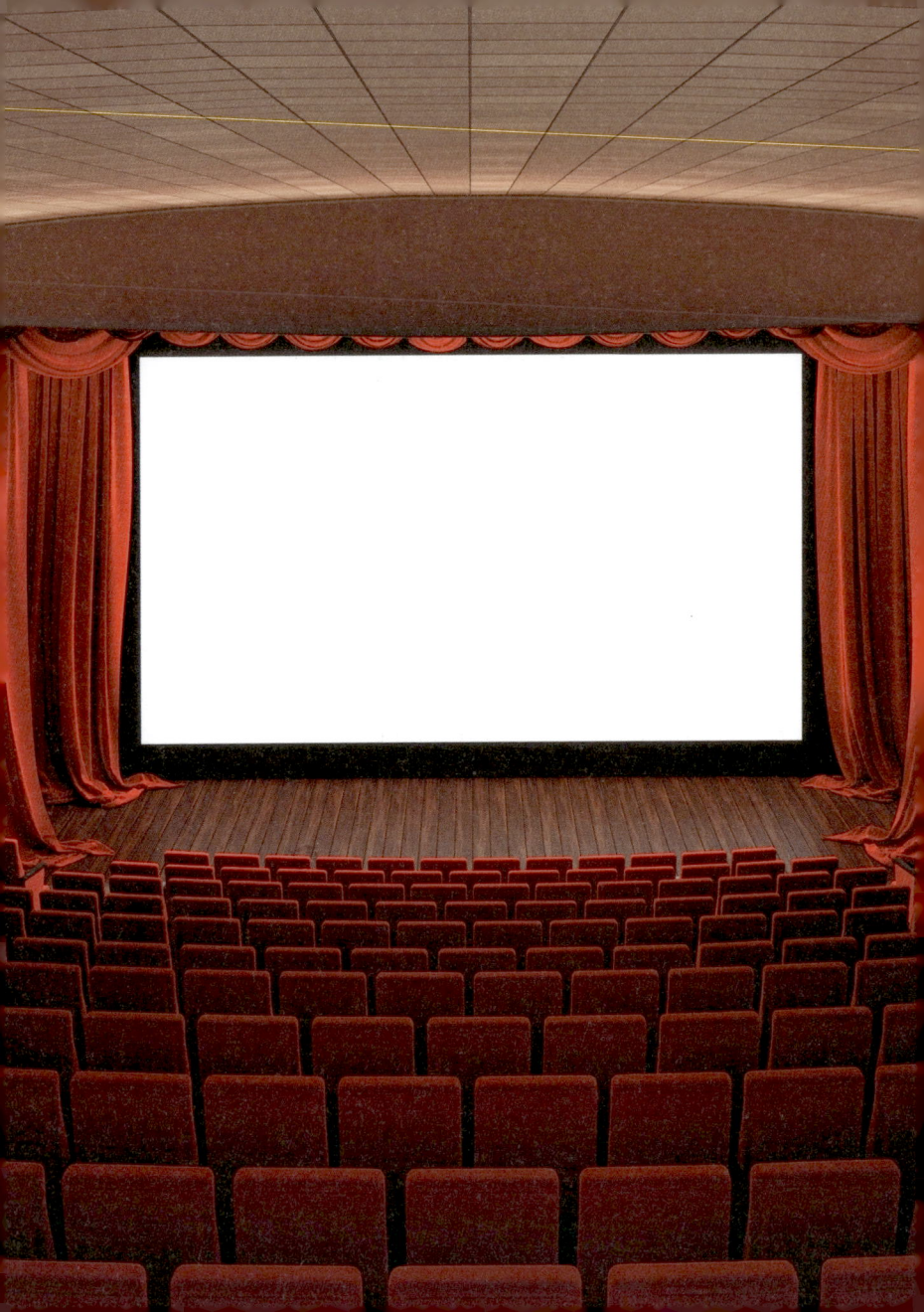

Der dritte Raum:
Der Wunschraum

Im dritten inneren Raum geht es darum, sich der eigenen Wünsche und Träume bewusst zu werden, sich diese so vorzustellen, als wären sie bereits Wirklichkeit, und in dieses Gefühl der Erfüllung und Vollkommenheit einzutauchen. Diese Visualisierung bewirkt zweierlei. Zum einen entspannt sich der gesamte Organismus, da es für das Gehirn keinen Unterschied macht, ob das Visualisierte in der Wirklichkeit vorhanden ist oder nur in der Vorstellung. Durch die inneren Bilder, die alles enthalten können, was du dir wünschst und erträumst, programmiert sich dein Bewusstsein allmählich um, von einer Wahrnehmung des Mangels hin zu einer Wahrnehmung der Fülle. Anstatt sich mit dem zu beschäftigen, was nicht vorhanden ist, visualisierst du einfach das, was vorhanden sein soll. Zum anderen hilft diese Technik auch, dir darüber klar zu werden, was wirklich wünschenswert ist und realisiert werden soll. Manche Träumereien sind schön für den Moment, bei anderen wiederum wird dir deutlich bewusst, dass du unbedingt etwas für ihre Realisierung in der Wirklichkeit tun möchtest. In diesem Fall hat der Wunschraum die Funktion eines sogenannten Moodboards, auf dem in Form einer Collage alles aufgemalt, aufgeklebt und aufgeschrieben wird, was in der Realität erschaffen werden soll. Der Vorteil eines solchen Moodboards ist die materialisierte Ausgestaltung, der Vorteil des Wunschraumes ist die Anwendbarkeit, die immer und überall dort möglich ist, wo du kurz die Augen schließen und dich in dein Inneres zurückziehen kannst. In gewisser Weise ist der Wunschraum also ein Kinosaal, in dem ganze »Moodboard-Filme« ablaufen und in dem du in deine Wünsche, Träume und Fantasien eintauchen kannst.

RAUM – FARBE

Du betrittst deinen Wunschraum und sagst dir beim Einatmen das Wort »Raum«. Es bezeichnet zum einen den Ort, an dem du dich jetzt in deiner Vorstellung befindest, zum anderen aber auch die Leere zwischen den Wänden, den Freiraum, die Abwesenheit von Objekten. Sage dir beim Ausatmen das Wort »Farbe«, und sieh dabei vor deinem inneren Auge, wie dein Wunschraum gestaltet ist: Vielleicht sind die Wände bunt in deinen Lieblingsfarben gestrichen, einfarbig oder mit abstrakten Mustern bemalt, und möglicherweise kannst du Gemälde, Zeichnungen oder Fotos sehen. Schaue dir den Raum genau an, und richte ihn dir so ein, wie du ihn haben möchtest und wie er dir am besten gefällt. Es ist auch denkbar, dass er mit Stoffen ausgestattet ist oder mit bemalten Holzlatten. Deiner Fantasie sind keine Grenzen gesetzt. Stelle dir in der Mitte eine gemütliche Sitzgelegenheit vor – einen schönen Sessel, einen Liegestuhl oder eine Hängematte –, die dich zum Verweilen einlädt, oder visualisiere einen ganzen Kinosaal.

KINO – LEINWAND

Visualisiere nun an einer Wand des Raumes eine riesige Kinoleinwand. Sage dir beim Einatmen das Wort »Kino« und beim Ausatmen das Wort »Leinwand«. Vielleicht öffnet sich, während du die beiden Wörter sagst, ein Vorhang, der den Blick auf die Leinwand freigibt, oder die Leinwand wird von der Decke nach unten gelassen. Ebenso möglich ist es natürlich auch, dass es eine 360-Grad-Leinwand ist, die dich vollständig umgibt. Setze dich auf deine Sitzgelegenheit in der Mitte des Raumes, und mache es dir bequem. Du bist gespannt auf das, was nun kommen wird, und siehst, wie das Licht langsam dunkler wird und die Leinwand zu leuchten beginnt. Du siehst nun einen Film, in dem alle deine Wünsche, deine Vorstellungen, deine Träume wahr werden, gleichgültig, um welche und wie viele es sich handelt. Stelle dir vor, dass du in deinem Kino die Bilder des Films – am besten in 3D – nicht nur siehst und die Geräusche von allen Seiten hörst, sondern auch andere Sinneseindrücke wahrnehmen kannst, zum Beispiel einen Geruch oder einen Geschmack, sodass die Vorstellung so real wie möglich wird.

MEINE – WÜNSCHE

Nun geht es darum, deine Wünsche zu benennen. Sage dir beim Einatmen ein Wort, das einen Wunsch oder ein Ziel beschreibt, und ein dazu passendes Wort beim Ausatmen. Dabei stellst du dir das, was du dir wünschst, so genau auf deiner Leinwand vor, als wäre es jetzt bereits Realität. Sehnst du dich zum Beispiel nach Erholung und Urlaub, kannst du das Wortpaar »erholsamer – Urlaub« verwenden. Dabei visualisierst du dich selbst in einer Urlaubssituation, mit der du maximale Entspannung verbindest. Hast du bald ein Bewerbungs- oder Prüfungsgespräch, nimmst du beispielsweise das Wortpaar »erfolgreiches – Gespräch« und stellst dir auch hier alle Einzelheiten so detailliert wie möglich vor, angefangen von dem Raum, in dem das Gespräch stattfindet, bis zu der Kleidung, die die Anwesenden tragen. Atme dich in eine angenehme Atmosphäre regelrecht hinein, und nimm dir so viel Zeit für deine Wünsche, wie du möchtest.

Bei manchen Wünschen wirst du feststellen, dass ihre Realisierung ganz angenehm wäre, dass es dir aber reicht, dir das Gewünschte lediglich vorzustellen. Dir wird bewusst, dass diese Wünsche dir doch nicht so wichtig sind, wie du zuvor dachtest. Bei anderen Wünschen wirst du hingegen merken, dass du für ihre Realisierung selbst etwas tun willst. Entscheidend ist, dass du es ernst meinst mit den visualisierten Wünschen und keinem anderen Schaden zufügen willst. Ansonsten sind deinen Wünschen keine Grenzen gesetzt.

ODER – BESSER

Du kannst dieses Wortpaar nach jedem Wunsch sagen, wenn du mehrere Wünsche visualisierst, oder vor dem Verlassen des Wunschraumes für alle Wünsche.

Sage dir beim Einatmen das Wort »oder« und beim Ausatmen das Wort »besser«. Damit ziehst du die Möglichkeit in Betracht, dass du durch deine eingeschränkte Perspektive vielleicht noch nicht erkennen kannst, was tatsächlich das Beste für dich ist. Mit dem Wortpaar »oder – besser« erkennst du an, dass es möglicherweise eine noch bessere Alternative für deinen visualisierten Wunsch gibt. Du öffnest dich ihr und bist bereit, sie in deinem Leben willkommen zu heißen, und bekräftigst auch deine Absicht, dir nur Dinge zu wünschen, die zum Wohle aller sind und niemandem schaden. Am Ende deines Aufenthalts im Wunschraum wird die Leinwand wieder weiß, langsam dunkler und verschwindet hinter Vorhängen oder in der Decke.

AUFSTEHEN – GEHEN

Wenn du bereit bist, diesen Raum zu verlassen, sage dir beim Einatmen das Wort »aufstehen« und beim Ausatmen das Wort »gehen«. Verabschiede dich innerlich von diesem Raum, und stelle dir vor, wie du dich aufmachst, ihn zu verlassen.

Gehe nun über zum Ausklang (siehe S. 101), oder komme in deinem Rhythmus zurück ins Hier und Jetzt.

DREI MÖGLICHE AUSKLÄNGE:

DAS KARUSSELL, DAS ZIRKUSZELT UND DER JAHRMARKT

Nach dem Besuch der inneren Räume bietet sich der folgende Ausklang an, um einen Abschluss zu finden und wieder gut in der Außenwelt anzukommen. Die drei darin enthaltenen Bilder, das Karussell, das Zirkuszelt und der Jahrmarkt, repräsentieren dein alltägliches Leben, deine ganz persönliche Lebenssituation. In diesen Visualisierungen bist du jedoch nicht MITTEN IN der Lebenslage, sondern als stiller Beobachter AUSSERHALB. Sie erinnern dich daran, dass du zwar eingebunden bist in eine bestimmte Situation, darüber hinaus aber noch so viel mehr bist als das, was du gemeinhin als deine Identität annimmst.

Es ist möglich, alle drei Visualisierungen hintereinander durchzuführen, erst das Karussell, dann das Zirkuszelt und anschließend den Jahrmarkt – genauso gut kannst du die Reihenfolge aber auch tauschen oder nur eines der drei Bilder mit den dazugehörigen Wortpaaren visualisieren. Gerade der Jahrmarkt bietet sich dazu an, unabhängig von den anderen beiden Bildern eingesetzt zu werden, sogar unabhängig von den drei inneren Räumen.

Das KARUSSELL- und das ZIRKUSBILD spielen mit der in vielen östlichen Meditationspraktiken gängigen Vorstellung, dass die kreisenden Gedanken in einem »ungezähmten« Verstand wilde Affen sind, die dem Menschen im Kopf herumrennen, vom beobachtenden Ich aber einfach auch nur wahrgenommen werden können, ohne dass eine Identifizierung mit den Gedanken stattfindet. Viele Menschen empfinden dies als befreiend, weil sie so erkennen, dass sie nicht ihre Gedanken sind, sondern lediglich Gedanken haben.

Beim JAHRMARKT ist das Bild ganz ähnlich: Du siehst verschiedene Stände, Attraktionen, Menschen, die dich in den unterschiedlichen Kontexten und Rollen deines Lebens repräsentieren, du selbst bist aber lediglich der Beobachter, der diese Rollen unbewegt wahrnimmt, ohne sich mit ihnen zu identifizieren. Das Bild folgt also ebenfalls dem Grundgedanken, dass es in deinem Leben zwei Komponenten gibt, zum einen deine Lebensumstände, die einem ständigen Wandel unterworfen sind, zum anderen aber auch dein inneres Wesen, das immer gleich bleibt. Die Tatsache, dass du älter wirst, Erfahrungen machst, durch Erkenntnisse wächst und reifer wirst, ist gekoppelt an die sich wandelnden Lebensumstände. Dein Wesenskern bleibt davon unberührt. Er nimmt die äußeren Umstände, die sich wandelnde Lebenssituation, wahr und beobachtet sie, wird davon aber nicht beeinflusst. Diese Erkenntnis steht in der Jahrmarkt-Sequenz im Mittelpunkt, denn er ist ein Sinnbild für deine Lebenssituation und deine Lebensumstände. Der Mehrwert, der über die beiden anderen Bilder hinausgeht und den Jahrmarkt dazu prädestiniert, als unabhängige Sequenz eingesetzt zu werden, ist der Fokus auf die verstreichende Zeit, die alles – außer dem Kern des beobachtenden Ichs – einem Wandel unterwirft. Im Grunde genommen eignet der Jahrmarkt sich auch als Mini-Meditation, als eigenständige Sequenz ohne das vorherige Aufsuchen der drei inneren Räume.

Lasse uns nun also die drei inneren Räume verlassen und gedanklich hinaus ins Freie treten.

HINAUS – INS FREIE

Sage dir beim Einatmen das Wort »hinaus« und beim Ausatmen die Worte »ins Freie«. Was du dir dabei vor deinem inneren Auge vorstellst, ist abhängig von der Wahl deines inneren Rückzugsortes:

Wenn du die **BURG AUF DEM FELSEN** gewählt hast, stellst du dir vor, wie du die Treppe wieder hinaufsteigst, durch die Eingangshalle schreitest und durch das große Eingangstor die Burg verlässt. Du gelangst – möglicherweise über eine Brücke – in den Garten der Burg, den du für eine Weile betrachtest. Wenn du das **HAUS AM SEE** besucht hast, trittst du einfach wieder hinaus durch die Tür und befindest dich erneut in deinem paradiesischen Garten. Wenn du die **HÖHLE IM WALD** aufgesucht hast, verlässt du nun das dunkle Höhleninnere, passierst die Quelle oder den Wasserfall und trittst wieder auf die helle Lichtung, die gleichzeitig das Zentrum des Waldes darstellt, durch den du gekommen bist. Wenn du einen **EIGENEN RÜCKZUGSORT** erschaffen hast, finde einen Platz im Freien. Hast du nur die inneren Räume besucht, visualisiere für den Ausklang ebenfalls einen für dich passenden Ort.

ANTIKES – KARUSSELL

Du bist nun im Freien und siehst vor dir ein wunderschönes, farbenfrohes, antikes Karussell. Während du dir beim Einatmen das Wort »antikes« und beim Ausatmen das Wort »Karussell« sagst, erkennst du auf den Pferden oder Fahrzeugen des Karussells dich selbst. Auf jedem Pferd oder Fahrzeug sitzt eine Ausgabe von dir in einer anderen Gefühlslage oder sozialen Rolle. Wenn du deine Gefühlslagen visualisieren möchtest, sieh dich in deinem Ärger, deiner Enttäuschung, deiner Wut, deiner Freude, deiner Aufregung, deinem Ehrgeiz, deiner Unruhe … welche Gefühlslagen dir auch immer in diesem Augenblick einfallen. Oder du siehst dich in deinen verschiedenen sozialen Rollen, siehst dich in deinem Beruf, in deiner Familie als Vater oder Mutter, als Sohn oder Tochter, du siehst dich als Freund oder Freundin, als Ehrenamtlicher oder Ehrenamtliche … welche Rollen dir auch immer in den Sinn kommen. Wenn du fertig bist, setzt sich das Karussell langsam in Bewegung.

ALLES – DREHT SICH

Du siehst vor deinem inneren Auge, wie sich das Karussell dreht und wie sich die Pferde oder Fahrzeuge mit den unterschiedlichen Facetten deiner selbst im Kreis bewegen. Dabei sagst du dir das Wort »alles« beim Einatmen und die Worte »dreht sich« beim Ausatmen. Du nimmst wahr, wie sich eine Gefühlslage oder soziale Rolle in dein Blickfeld schiebt, sich in den Vordergrund drängt, um kurz darauf zu verschwinden und von einem anderen Reiter oder Fahrer abgelöst zu werden. Du nimmst dieses Kommen und Gehen im Rhythmus deines Atems wahr und wirst dir darüber bewusst, dass sich alles verändert: Die Gefühle kommen und gehen, und die Rollen, die du in den unterschiedlichen Situationen einnimmst, wechseln sich beständig ab. Schaue dem Karussell so lange zu, wie du möchtest, und lasse es sich dabei so schnell oder langsam drehen, wie es dir entspricht und wie du mit einem angenehmen Gefühl zuschauen kannst.

ICH BIN – RUHIG

Nachdem du dich intensiv mit den verschiedenen Facetten deiner Persönlichkeit beschäftigt hast, wendest du dich nun mit deiner Aufmerksamkeit dir als dem Betrachtenden zu, der vor dem Karussell steht und alles aufmerksam beobachtet. Dabei sagst du dir beim Einatmen die Worte »ich bin« und beim Ausatmen das Wort »ruhig«. Fühle beim Einatmen in dich hinein, und nimm wahr, wie sich dein Körper von innen anfühlt. Beim Ausatmen wirst du dir der Tatsache bewusst, dass du zwar mit den sich bewegenden Figuren auf dem Karussell verbunden bist, du dich aber selbst nicht auf dem Karussell befindest. Du betrachtest das Karussell, das beständige Sich-Drehen und Sich-Verwandeln, bist aber selbst fest verankert und stabil. Du lässt die Figuren auf dich zukommen, lässt sie wieder verschwinden und erfreust dich an diesem Schauspiel des Kommens und Gehens. Bleibe bei diesem inneren Bild- und Wortpaar, so lange du möchtest.

KLEINES – ZIRKUSZELT

Nun visualisierst du ein kleines buntes Zirkuszelt, das im Freien aufgebaut ist. Sage dir beim Einatmen das Wort »kleines«, beim Ausatmen das Wort »Zirkuszelt«. Du erkennst sofort, dass es sich um *deinen* Zirkus handelt. Langsam und ohne Eile gehst du auf das Zelt zu, betrittst es und setzt dich auf eine der Bänke. Die Akteure sind alle hier, und du kannst ihnen beim Proben zusehen. Du nimmst sie alle wahr, die Feuerspucker und Akrobaten, die Schlangenbeschwörer, Jongleure, Clowns, Dompteure und jede Menge kleiner Äffchen. Während du dir alles genau anschaust, erkennst du, dass jeder der Akteure du selbst bist – in den unterschiedlichen Anforderungsbereichen deines Lebens. Du nimmst auch die besondere Ausstrahlung der jeweiligen Akteure wahr, die Konzentration der Feuerspucker und Akrobaten, die Leichtigkeit der Clowns, die Selbstsicherheit der Jongleure. Beim Betrachten der kleinen Äffchen wird dir klar, dass es sich bei ihnen um deine Gedanken handelt. Unzählige huschen in der Zirkusmanege herum. Sieh dir alles in deinem Zirkus so genau wie möglich an.

ALLES – BEWEGT SICH

Dann setzt die Musik ein, und alle Akteure beginnen ihre Vorstellung. Es ist keine gewöhnliche Zirkusvorstellung, bei der in einem festgelegten Programm nach und nach die einzelnen Akteure auftreten und wieder abtreten. Hier – in deinem Zirkus – läuft alles viel spontaner, fließender, gleichzeitiger ab. Sage dir beim Einatmen das Wort »alles« und beim Ausatmen die Worte »bewegt sich«. Dabei siehst du den einzelnen Akteuren zu – also dir selbst – in ihren jeweiligen Situationen, beim Meistern ihrer unterschiedlichen Herausforderungen. Ebenso siehst du die zahllosen Äffchen, die durch die Manege huschen, ihre Spielchen spielen, die kommen, wieder gehen und von neuen abgelöst werden. Du siehst, wie sich alles gleichzeitig bewegt und doch harmonisch aufeinander abgestimmt ist. Hin und wieder nimmst du kleine Pannen wahr, die aber dem großen Ganzen überhaupt nicht schaden können.

ICH BIN – STILL

Nun wendest du dich dir selbst als stillem Beobachter zu, der dem ganzen bunten Treiben staunend folgt. Sage dir beim Einatmen die Worte »ich bin« und beim Ausatmen das Wort »still«. Fühle beim Einatmen in dich hinein, nimm mit deiner ganzen Aufmerksamkeit deinen Körper von innen wahr, und werde dir der Tatsache bewusst, dass du atmest und existierst. Beim Ausatmen beobachtest du das rasante Treiben in deinem Zirkuszelt, die verschiedenartigen Aktivitäten, das scheinbare Durcheinander, die vielen Anforderungen, denen sich die Akteure gegenübersehen. Gleichzeitig nimmst du wahr, dass du in dir selbst ganz still bist – dass sich ein Teil von dir eben nicht dort in der Zirkusmanege aufhält und in dem bunten Treiben mitmischt, sondern ruhig und beobachtend am Rand sitzt und alles, was sich ihm bietet, einfach nur wahrnimmt. Auch die Äffchen, deine Gedanken, bemerkst du, ohne sie zu verscheuchen, aber auch ohne dich unter sie zu mischen und sie bändigen zu wollen. Du nimmst alles nur wahr und sagst dir im Rhythmus deines Atems »ich bin – still«.

BELEBTER – JAHRMARKT

Du findest dich jetzt mitten auf einem Jahrmarkt wieder. Sage dir beim Einatmen das Wort »belebter« und beim Ausatmen das Wort »Jahrmarkt«. Stelle dir dabei alles so genau wie möglich vor: Du siehst zahlreiche Verkaufsstände und Händler, unzählige Attraktionen, ein Durcheinander an Geräuschen, Klängen, Schreien, Musik … Du siehst zahllose Menschen, die sich ihren Weg durch die Menge bahnen, an den Ständen anstehen, miteinander ins Gespräch kommen, um Waren feilschen, sich freuen oder ärgern, vielleicht auch streiten, sich Neuem zuwenden. Du erkennst darin ein Bild deines Lebens mit verschiedenen, sich immer wieder verändernden Situationen, einem reichen Angebot an Dingen, die zu tun und zu lassen sind, zahlreichen Möglichkeiten, das Leben zu gestalten und mit den täglichen Anforderungen umzugehen. Du merkst, wie alle Bereiche des Jahrmarkts zu dir und deinem Leben gehören und wie vielfältig und zugleich auch anstrengend und herausfordernd dieses bunte Treiben ist. Es gibt bestimmt Möglichkeiten des Rückzugs auf diesem Jahrmarkt, aber sie müssen aktiv gesucht und gefunden werden. Die vielen Details machen den Reichtum aus, gleichzeitig sind es aber auch die vielen Einzelheiten und Herausforderungen des stetigen Wandels, die den Aufenthalt auf diesem Jahrmarkt mitunter anstrengend machen.

ALLES – VERÄNDERT SICH

Lege nun deinen Fokus bewusst auf die Veränderungen im Jahrmarktgeschehen, die du wahrnehmen kannst, und sage dir beim Einatmen das Wort »alles« und beim Ausatmen die Worte »verändert sich«. Dir fällt auf, wie die Zeit vergeht und die wandernde Sonne die Szenerie unmerklich in ein anderes Licht taucht – vom hellen Tageslicht in ein warmes Abendrot. Wenn du deinen Blick für kurze Zeit ruhen lässt, siehst du auch, wie an den Ständen die Menschen kommen und gehen, wie sich Gefühlzustände ablösen. Du siehst beispielsweise einen Streit über den Wert einer Ware entbrennen, der sich kurze Zeit später durch einen Kompromiss und in Zufriedenheit auflöst. Du siehst, wie Menschen sich treffen, Zeit miteinander verbringen und wieder auseinandergehen. Am Ende des Tages kannst du sogar dabei zuschauen, wie die Händler ihre Stände abriegeln, die Waren verstauen, den Platz reinigen, um am nächsten Morgen wieder von Neuem anzufangen. Du merkst, wie sich tatsächlich alles ändert und wie die Augenblicke ineinanderfließen.

ICH BIN – FEST

Nun bemerkst du, dass sich eine Komponente in diesem ganzen bunten, schnellen, vielfältigen Markttreiben nicht bewegt, nicht verändert und nicht in diesem Geschehen aufgeht: Das bist du selbst als stiller Beobachter am Rand. Du wendest nun deine ganze Aufmerksamkeit dir selbst zu und sagst dir beim Einatmen die Worte »ich bin« und beim Ausatmen das Wort »fest«. Du bist mit dem gesamten Geschehen verbunden, denn du nimmst alles genau wahr. Du nimmst großen Anteil daran und empfindest keinerlei Gleichgültigkeit für das, was sich vor deinen Augen abspielt. Dennoch merkst du aber auch, dass du kein aktiver Teil des Geschehens bist, dich nicht in diesem Durcheinander verlierst, immer wieder zu dir auf deiner Position als Beobachter zurückkehren kannst. Vielleicht kommt es dir so vor, als würdest du beim Beobachten von der Menge mitgerissen, als würdest du eins mit den Bewegungen um dich herum, aber dir wird immer wieder bewusst, dass du als Beobachter auf festem Grund stehst und mit dem Geschehen verbunden bist, ohne dich in ihm zu verlieren. Bleibe bei diesem Gefühl, Teil des Jahrmarkts und gleichzeitig auch außerhalb von ihm zu sein. Nimm dieses Gefühl in dir auf, wenn du dir die Worte sagst: »ich bin – fest«.

DANKE – BITTE

Zum Abschluss deiner Reise kommst du nun langsam mit deiner Aufmerksamkeit wieder in die Realität zurück. Du spürst die Unterlage, auf der du sitzt oder liegst, und nimmst – noch ohne die Augen zu öffnen – den dich umgebenden Raum wahr. Dabei sagst du dir beim Einatmen »danke« und beim Ausatmen »bitte«. Bedanke dich beim Einatmen für die Reise in dein Inneres, für alles, was du dort erfahren und geklärt hast, und dafür, dass du jederzeit die Möglichkeit hast, in deine inneren Räume zurückzukehren. Öffne dich beim Ausatmen durch das Wort »bitte« wieder der Außenwelt. Mit diesem Wort bittest du darum, dass sich die Klärung und Stärkung, die du in deinem Inneren erfahren hast, auch in der Außenwelt zeigt und ihre Wirkung entfaltet. Wenn du ein paar Mal mit diesem Wortpaar geatmet hast, kannst du sacht die Augen öffnen und im Hier und Jetzt deine gewohnten Alltagsaktivitäten wieder aufnehmen.

MINI-SEQUENZEN FÜR DEN ALLTAG:

MIT URLAUBSFOTOS VON DER ATEMREISE ZU RUHE UND KRAFT

Wir alle wissen, wie schnell und hektisch unser Alltag von Zeit zu Zeit sein kann. Da reicht manchmal die Zeit nicht aus, eine ganze Atemreise durchzuführen. Es gibt allerdings die Möglichkeit, einzelne Sequenzen aus der Atemreise herauszulösen und durchzuführen. Ein Wort beim Einatmen, ein Wort beim Ausatmen – und dazu das entsprechende Bild. Der Effekt ist vergleichbar mit demjenigen beim Betrachten eines Urlaubsfotos: eine kleine Erholung, ein Durchatmen im Alltag. Das einfachste Wortpaar, das sogar ohne inneres Bild funktioniert, ist »ein – aus«. Der Atem beruhigt sich, wird tiefer, und der Geist kommt für einen kurzen Moment zur Ruhe.

So lassen sich auch einzelne Wortpaare aus der Atemreise lösen. Wenn du zum Beispiel die Reise zum INNEREN RÜCKZUGSORT häufiger unternimmst, reicht es manchmal auch schon aus, nicht alle Stationen dieser Reise zu durchlaufen, sondern dir ein einzelnes Bild aus dieser Reise herauszugreifen – zum Beispiel die Landung als Adler auf deiner Burg mit dem fantastischen Ausblick – und dieses allein zu visualisieren. Dann sagst du dir das Wort »Landung« beim Einatmen und das Wort »Ausblick« beim Ausatmen und stellst dir dieses Bild so detailgenau wie möglich vor. Du kannst dich in kürzester Zeit entspannen, indem du es wie ein Foto im Inneren betrachtest und mit dem entsprechenden Wortpaar bewusst atmest.

Ähnlich verhält es sich mit zwei der drei INNEREN RÄUME. Einzelne Sequenzen aus dem Gefühlsraum können gewinnbringend losgelöst von den anderen angewendet werden, wie zum Beispiel die Einheit mit dem Inneren Kind und dem Höheren Selbst oder aber die Einheit von »Mutter – Vater«, »Herzschlag – Lächeln« und »Dasein – Tätigkeit«. Greife einfach eine dieser Sequenzen heraus, und wende sie einzeln an, wenn du nicht viel Zeit hast und eine rasche Zentrierung wünschst. Allerdings ersetzt diese Kurzform nicht die lange Form der Atemreise. Es ist vielmehr so, als würdest du bei der Kurzform ein Foto betrachten, das dich an die Reise erinnert, was nur einen begrenzten und kurzzeitigen Effekt hat. Gleiches gilt auch für den Wunschraum, aus dem du einen einzelnen Wunsch herauslösen und ihn in Kombination mit bewusstem Atmen und einem entsprechenden Wortpaar visualisieren kannst. Der einzige Raum, der sich für eine Kurzform nicht anbietet, ist der Klärungsraum, da die einzelnen Schritte ihre Wirkung am besten entfalten können, wenn sie in der vorgesehenen Reihenfolge ganz durchgeführt werden.

Die drei AUSKLÄNGE – und insbesondere der Jahrmarkt – bieten sich wiederum gut für eine losgelöste Meditationseinheit an. Sie dienen dazu, die beiden Ebenen wahrzunehmen, auf denen du dich beständig befindest: Das Eingebunden-Sein in eine Lebenssituation, die sich stetig verändert, und der Wahrnehmung deines inneren Wesenskerns, der mit deiner Lebenssituation verbunden ist, von ihr aber nicht berührt und verändert wird.

Die Atemreise ist als Ganzes konzipiert und dauert mit allen Elementen – Reise zum Rückzugsort, Besuch der drei inneren Räume, Ausklang – ungefähr eine halbe Stunde. Je nachdem, wie lang du an den einzelnen Stationen verweilst, kann sie etwas weniger oder mehr Zeit brauchen. Nimm dir für die Atemreise daher bewusst Zeit. Als kleine Inseln im Alltag kannst du die genannten Kurzversionen nutzen. Mir gefällt die Vorstellung der Fotografie eines Reisemotivs sehr gut, die man immer wieder dann innerlich zur Hand nehmen kann, wenn man sich an eine bestimmte Station der Atemreise erinnern will, um so nochmals kurzzeitig in diese einzutauchen.

Ich wünsche dir gute Erfahrungen mit der visualisierten Atemreise und erholsame Erinnerungsinseln in deinem Alltag!

Übersicht der Wortpaare

INNERE RÜCKZUGSORTE

DIE BURG
AUF DEM FELSEN
Adler – Flug
heben – senken
Wolken – Himmel
Felsen – Burg
Landung – Ausblick
Abstieg – Ankunft
Tür – Eintritt

DAS HAUS
IM GARTEN
Natur – Pfad
Hügel – Täler
Stein – Mauer
Garten – Pforte
Paradies – Heimat
See – Haus
willkommen – zu Hause

DIE HÖHLE
IM WALD
Pferd – Ritt
auf – ab
Felder – Waldrand
Wald – Weg
Lichtung – Zentrum
Quelle – Höhle
Eingang – Innenraum

DIE INNEREN RÄUME

DER ERSTE RAUM:
DER GEFÜHLSRAUM
Raum – Stille
leeres – Gefäß
meine – Gefühle
Mutter – Vater
Herzschlag – Lächeln
Dasein – Tätigkeit
Höheres – Selbst
du bist – für mich da
Inneres – Kind

ich bin – für dich da
wir drei – ein Leben
Wesentliches – Unwesentliches
Dankbarkeit – Kraft
aufstehen – gehen

DER ZWEITE RAUM: DER KLÄRUNGSRAUM

Raum – Leere
zwei – Stühle
mein – Name
dein – Name
Ich bin – geschützt
Du bist – geschützt
Wir sind – geschützt
Ich bin / Du bist – verwurzelt
Ich bin / Du bist – schöpferisch
Ich bin / Du bist – glücklich
Ich bin / Du bist – liebevoll
Ich bin / Du bist – klar
Ich bin / Du bist – wissend
Ich bin / Du bist – ganz
Ich bin / Du bist – umhüllt
Wir sind – umhüllt
Ich sehe – dich
Du siehst – mich
Wir sehen – uns

Ich danke – dir
Ich lasse – dich
Es ist – geklärt
aufstehen – gehen

DER DRITTE RAUM: DER WUNSCHRAUM

Raum – Farbe
Kino – Leinwand
meine – Wünsche
oder – besser
aufstehen – gehen

AUSKLÄNGE

hinaus – ins Freie
antikes – Karussell
alles – dreht sich
ich bin – ruhig
kleines – Zirkuszelt
alles – bewegt sich
ich bin – still
belebter – Jahrmarkt
alles – verändert sich
ich bin – fest
danke – bitte

Über den Autor

Dr. phil. Steffen Ulrich Keim ist promovierter Romanist und Lehrer für Deutsch, Französisch und Theater. Nach einem Jahrestraining in »Mindfulness-Based Stress Reduction« und einer Ausbildung zum systemischen Coach bietet er auch systemische Aufstellungsarbeit an. Im Laufe seiner Arbeit stellte er fest, dass sich seine »Mini-Urlaube« ideal sowohl im pädagogischen Alltag als auch zur Vorbereitung und Unterstützung der systemischen Arbeit einsetzen lassen.

WWW.STEFFEN-KEIM.COM

WWW.GLÜCKSIMPULSE.DE

Literaturempfehlungen

Bernier, Lucie/Lenghan, Robert: Die Strichmännchen-Technik – Für emotionale Selbstheilung, Lösung aus Abhängigkeiten und gute Beziehungen. Nach Jacques Martel. Kirchzarten bei Freiburg: VAK 2017.

Day, Jennifer: Schließe deine Augen und stell dir einmal vor … – Wie Kinder durch Visualisieren ihr Selbstvertrauen stärken und Probleme lösen. München: Kösel 1996.

Gawain, Shakti: Stell dir vor – Kreativ visualisieren. Reinbek: Rowohlt 1986.

Salentin-Träger, Marianne/Jahn, Anja: Moodboards – Wünsche visualisieren und verwirklichen. München: Irisiana 2019.

Satir, Virginia: Meine vielen Gesichter – Wer bin ich wirklich? München: Kösel 2019.

Schumacher, Isabelle: Im Herzen berührt – durch Wertschätzung und Selbstliebe. Bielefeld: Lüchow 2019.

Wir alle wissen, wie schwierig es manchmal sein kann, im turbulenten Alltag ein paar ruhige Minuten für sich zu finden. So richtig entspannen können wir uns meist nur im Urlaub. Steffen Keim hat die Methode der visualisierten Atemmeditation entwickelt, die uns das Gefühl unseres letzten Urlaubs wieder spüren lässt. Ob ein Tag am Meer oder ein Flug durch die Farben der Chakras – die 16 Mini-Urlaube im BUCH »VISUALISIERTE ATEMMEDITATION« sind denkbar einfach: Wir kombinieren beim Ein- und Ausatmen Wörter mit inneren Bildern. So werden immer mehrere Hirnareale gleichzeitig angesprochen, die dafür sorgen, dass wir gelassen in unserer Mitte ankommen. Und das Beste an den Atemmeditationen ist: Wir können sie praktisch immer und überall ausführen, selbst beim Sport.

Du hast wenig Zeit? Ob entspannt auf dem Sofa, unterwegs in der U-Bahn oder beim Joggen: Die GLEICHNAMIGE CD enthält die sechs schönsten Mini-Urlaube des Buches, die dir in jeder Situation ein entspanntes Lächeln ins Gesicht zaubern.

Bildnachweis